Hoegg · Die 100 häufigsten Fragen zum Schulrecht

AF721169

Günther Hoegg

Die 100 häufigsten Fragen zum Schulrecht

Was Lehrkräfte wissen sollten

Dr. *Günther Hoegg* ist Jurist und war als ausgebildeter Lehrer mehr als 30 Jahre in der Schule tätig. Veröffentlichungen und Seminare zum Schulrecht sowie eine Lehrtätigkeit an der Universität weisen ihn als Schulrechtsexperten aus.

Das Werk einschließlich aller seiner Teile ist urheberrechtlich geschützt. Jede Verwertung ist ohne Zustimmung des Verlags unzulässig. Das gilt insbesondere für Vervielfältigungen, Übersetzungen, Mikroverfilmungen und die Einspeicherung und Verarbeitung in elektronische Systeme.

FSC www.fsc.org MIX Papier | Fördert gute Waldnutzung FSC® C089473

Dieses Buch ist erhältlich als:
ISBN 978-3-407-63078-0 Print
ISBN 978-3-407-63173-2 E-Book (PDF)
ISBN 978-3-407-63185-5 E-Book (E-PUB)

© 2019 Beltz
in der Verlagsgruppe Beltz · Weinheim Basel
Werderstraße 10, 69469 Weinheim
Alle Rechte vorbehalten

Lektorat: Dr. Erik Zyber
Layout/Reihenkonzept: glas ag, Seeheim-Jugenheim
Illustrationen Innenteil: Roland Bühs, Bremen
Umschlaggestaltung: Michael Matl
Umschlagabbildung: getty images © Jutta Kuss

Satz und Herstellung: Michael Matl
Druck und Bindung: Beltz Grafische Betriebe, Bad Langensalza
Beltz Grafische Betriebe ist ein Unternehmen mit finanziellem Klimabeitrag (ID 15985-2104-1001).
Printed in Germany

Weitere Informationen zu unseren Autoren und Titeln finden Sie unter:
www.beltz.de

Inhaltsverzeichnis

Abkürzungsverzeichnis

Art	Artikel
BBG	Bundesbeamtengesetz
BGB	Bürgerliches Gesetzbuch
BGH	Bundesgerichtshof
BVerfG	Bundesverfassungsgericht
BVerwG	Bundesverwaltungsgericht
DSB	Datenschutzbeauftragter
DSGVO	Datenschutzgrundverordnung
EMRK	Europäische Konvention zum Schutz der Menschenrechte
GG	Grundgesetz
JArbSchG	Jugendarbeitsschutzgesetz
KKG	Gesetz über Kooperation im Kinderschutz
KM	Kultusminister(ium)
MK	Ministerium für Kultur und Bildung
StA	Staatsanwalt(schaft)
StGB	Strafgesetzbuch
StPO	Strafprozessordnung
SVBl	Schulverwaltungsblatt
VA	Verwaltungsakt
VG	Verwaltungsgericht
VwGO	Verwaltungsgerichtsordnung
VwVfG	Verwaltungsverfahrensgesetz

Vorwort

Es gibt für Juristen höchst spannende Fragen zum Schulrecht. So z. B. die Frage, ob es sich bei der Schulordnung verwaltungsrechtlich um eine Satzung oder nicht vielleicht doch um eine Sonderverordnung handelt. Ebenso kann man sich mit Juristen lange über die begriffliche Abgrenzung von Rechtsmitteln und Rechtsbehelfen unterhalten – sofern man nichts Besseres zu tun hat. Lehrkräften hingegen bereiten die ganz alltäglichen Probleme immer wieder Kopfzerbrechen.

Das sind so banale, konkrete Fragen wie:

- Wer haftet eigentlich, wenn ich das eingesammelte Kopiergeld verliere?
- Kann ich von meinen Schülern verlangen, in einer Klassenarbeit eindeutig zu schreiben?
- Darf ich einen ständig störenden Schüler anfassen, falls er sich weigert, den Klassenraum zu verlassen?

Den Verwaltungsrechtlern an den Hochschulen und den Juristen in den Schulbehörden sind diese Fragen viel zu unwichtig, um sich damit ernsthaft zu beschäftigen. Das sollen die Lehrkräfte vor Ort gefälligst selbst entscheiden, aber bitte »im Konsens« mit den Schülern. Wenn der nicht gelingt und es daraufhin Beschwerden von den Eltern gibt, erklärt man den Kollegen ungehalten, was sie alles falsch gemacht haben. Dieses Verfahren ist unbefriedigend, und zwar nicht nur für die Kollegen, sondern ebenso für mich.

Denn immer wieder höre ich in meinen schulrechtlichen Fortbildungen den einleitenden Satz: »Ich hab‘ da mal ’ne Frage«, gefolgt von der ungeklärten Problematik. Damit ich nicht ständig die gleichen Fragen beantworten muss und damit auch Kollegen, die nicht in meinen Fortbildungen sind, hilfreiche Antworten erhalten, ist dieses Buch entstanden. Die folgenden 100 Fragen sind also kein literarischer Kniff, um schulrechtliche Informationen aufzulockern. Es sind tatsächlich die Fragen, die mir in den etwa 500 Fortbildungen der letzten fünf Jahre am häufigsten gestellt wurden.

Nicht alle Antworten werden Sie als Lehrkraft erfreuen, denn schließlich betreibe ich keine Gefälligkeitsjuristerei, bei der ich nur das wiedergebe, was Sie vermutlich hören wollen – womit Sie aber später auf die Nase fallen. Sie bekommen also realitätsnahe Antworten auf praxisnahe Fragen. Damit das Vorwort doch noch positiv endet, sollen Sie wissen: Sie werden auch etliche erfreuliche Antworten erhalten.

Ach ja, fast hätte ich es vergessen: Manche Informationen tauchen mehrfach auf, weil ich bei diesem Konzept mit 100 Fragen nicht davon ausgehen kann, dass jeder das Buch von vorne bis hinten durchliest. Falls Ihnen also etwas bekannt vorkommt, dann haben Sie Recht. Aber Sie wissen jetzt, warum das so ist.

Allgemeines Dienstrecht

Waaaas? Ich soll in der Baumschule unterrichten?

Vermutlich möchten Sie sich gleich auf die Fragen stürzen, die Ihnen im Moment unter den Nägeln brennen. Das ist verständlich, und ich würde es wahrscheinlich genauso machen. Bevor es jedoch in die einzelnen Teilgebiete wie Leistungsbewertung oder Aufsichtspflicht geht, beantworte ich die immer wieder auftauchenden grundlegenden Fragen. An einem der langen Winterabende sollten Sie sich diesen Teil auch einmal gönnen. Er erscheint auf den ersten Blick nicht so interessant, ist letztlich aber viel wichtiger als die Frage, wie Sie reagieren können, falls die Eltern das Zeugnis nicht unterschreiben (Frage 59). Urteilen Sie selbst und lesen Sie einmal die nächsten zwei Seiten.

1. Ist meine morgendliche Fahrt zur Schule eine Dienstfahrt?

Wenn der offizielle Teil meiner Fortbildungen vorbei ist, bleibe ich meist noch vor Ort, um noch offene Fragen zu klären, die die Kollegen verunsichern. Mit großer Regelmäßigkeit taucht die oben genannte Frage auf. Natürlich gibt es Lehrkräfte, die so nah an der Schule wohnen, dass sie morgens bequem zu Fuß zu ihrer Dienststelle gehen können. Andere kommen mit dem Fahrrad und wieder andere mit dem öffentlichen Nahverkehr. Aber die meisten nutzen für den Weg ihr Auto, das juristisch korrekt »privateigener Pkw« heißt. Diese Kollegen stellen die Frage aus der Überschrift und wollen wissen: Ersetzt mir der Dienstherr etwaige Schäden an meinem Auto, wenn ich auf dem Weg zur Schule, z. B. wegen Blitzeis, einen Unfall habe? Schließlich bin ich so entgegenkommend und setze mein privates Fahrzeug ein (und nutze es ab), um pünktlich zu meiner Dienststelle zu kommen. Dann könnte doch im Gegenzug der Dienstherr so fürsorglich sein und etwaige Sachschäden an meinem Fahrzeug ersetzen.

Ja, das wäre wirklich sehr nett vom Dienstherrn. Allerdings ist Nettigkeit leider keine Kategorie, die sich wie ein roter Faden durch das Beamtenrecht (oder das Verhältnis zwischen Arbeitgeber und Arbeitnehmer) zieht. Hier geht es um Rechte und Pflichten, die beide Seiten haben. Das ist für Sie schon eine ganze Menge wert, wie Sie am Schluss des Kapitels sehen werden.

Zunächst jedoch die unangenehme Nachricht, und zwar völlig unverblümt: Die **Bequemlichkeit** der Lehrkräfte ist nichts, was den Dienstherrn dazu bringt, Geld auszugeben. Bezahlt wird nur das, was absolut notwendig ist – und manchmal nicht einmal das. Wer also täglich mit dem öffentlichen Nahverkehr zur Schule fährt, um dort seinen Dienst zu verrichten, bekommt seine Fahrkarten nicht vom Dienstherrn erstattet. Er kann die Kosten dafür lediglich in seiner Steuererklärung geltend machen und erhält im Nachhinein etwa 25 Prozent vom Finanzamt zurück. Aber wir wollen fair sein. Unser Dienstherr ist hier nicht besonders geizig, sondern verhält sich so wie die meisten Arbeitgeber, bei denen es dem Arbeit*nehmer* obliegt, auf seine Kosten – wie auch immer – zum Arbeitsplatz zu kommen.

Nun wieder zurück zur Schule. Wer also aus Gründen der Bequemlichkeit das eigene Auto wählt, um seinen Dienst anzutreten, der bekommt seine Fahrtkosten nicht ersetzt und schon gar nicht wird der eingangs erwähnten Unfallschaden durch Blitzeis vom Dienstherrn getragen.

Dieser argumentiert wie folgt: Die Wahl, nicht direkt neben der Schule zu wohnen, ist nicht vom Dienstherrn vorgegeben, sondern eine freie persönliche Entscheidung. Schließlich gibt es Kollegen, denen der kleine Schulort zu provinziell erscheint und die deshalb als Wohnort die nächste Großstadt (80 km entfernt) mit einer Fülle von Restaurants, Kinos und anderen Freizeitmöglichkeiten wählen. Das sei ihnen gegönnt, die daraus resultierenden zeitlichen oder finanziellen Belastungen müssen sie jedoch selbst tragen.

Aber keine Regel ohne Ausnahme: Wem die Fahrt mit öffentlichen Verkehrsmitteln **objektiv nicht zuzumuten** ist, kann beantragen, seine Fahrten zur Schule als Dienstfahrten einzustufen. Dann gibt es einen Kilometersatz (kleine Wegkostenentschädigung) von 0,20 Euro für jeden gefahrenen Kilometer und etwaige Unfallkosten können bis zu einer bestimmten Höhe (350 Euro) vom Land übernommen werden. Wann nun ist – aus Sicht des Dienstherrn – der Einsatz des Privat-Pkws zwingend notwendig? Bei entsprechenden körperlicher Behinderung oder falls die öffentliche Verkehrsverbindung so schlecht ist, dass die Fahrt (je Strecke!) etwa zwei

Stunden länger dauert als mit dem Auto. Das trifft nur auf die wenigsten Lehrkräfte zu, allerdings ist es gut, diese Ausnahmen zu kennen.

Oben hatte ich im Verhältnis zum Dienstherrn von Rechten und Pflichten gesprochen, die das Minimum regeln und absichern. Das sollte man nicht gering schätzen. Lassen wir unseren fiktiven Kollegen wieder einmal mit seinem Auto zur Schule fahren. Plötzlich gibt es Blitzeis, der Wagen kommt von der Straße ab, überschlägt sich, und der Kollege ist verletzt. Neben der schlechten Nachricht, dass der Schaden am Auto nicht ersetzt wird, gibt es eine gute: Denn die **Körperschäden** sind versichert, und zwar über die gesetzliche Unfallversicherung (Unfallkasse des Landes), die jeden Arbeitnehmer auf dem Weg zu Arbeit (und zurück) versichert. Und das ist in einem solchen Fall schon eine ganze Menge.

2. Kann von mir verlangt werden, meinen privaten Pkw für die schulische Praktikumsbetreuung zu nutzen?

Nein. Fast regelmäßig höre ich diese Frage an Berufsschulen bzw. Berufsbildenden Schulen, aber ebenso an anderen weiterführenden Schulen, bei denen das Berufspraktikum meist in der 9. Klasse durchgeführt wird. Einige Kollegen eines Oberstufenzentrums im Havelland wollten sogar wissen, ob der Dienstherr für solche Einsätze nicht eigentlich Dienstfahrzeuge stellen müsse. Falls Sie jetzt innerlich lachen, so wie ich es damals getan habe, tun wir den Fragestellern ein wenig Unrecht. Denn völlig absurd ist dieser Wunsch nicht. Schließlich gibt es eine Vielzahl von Behörden, die ihren Mitarbeitern Dienstfahrzeuge zur Verfügung stellen. Die typischen Tätigkeiten dieser Behördenvertreter umfasst allerdings sehr viel häufiger die Wahrnehmung von Außenterminen, als es bei Lehrkräften der Fall ist.

Anders als bei der vorangegangenen Frage (Weg zur Arbeitsstätte) ist die Betreuung von Schülern, die verstreut irgendwo ein Praktikum absolvieren, unbestritten eine dienstliche Tätigkeit. Selbst derjenige, der direkt neben dem Schulgebäude wohnt, muss in der Regel die Wege zu den Praktikumsstätten mit einem Verkehrsmittel zurücklegen. Aber ist er verpflichtet, dafür seinen privaten Pkw zu benutzen – und abzunutzen? Nein. Schließlich ist keine Lehrkraft verpflichtet, ein Auto zu besitzen. Oder mussten Sie den Besitz eines Kraftfahrzeugs nachweisen, bevor man Sie eingestellt hat? Na also. Der Dienstherr kommt nicht daran vorbei, dass es Menschen ohne Auto gibt. Sei es aus Gründen des Umweltschutzes oder weil in einer Großstadt ab 500 000 Bewohnern ein Auto nicht sehr praktisch ist.

Allerdings kann der Dienstherr verlangen, dass Sie *irgendwie* zu den Praktikumsbetrieben gelangen, notfalls mit Bussen und Bahnen. Wenn das deutlich länger dauert als mit dem eigenen Auto, dann ist das eben so. Als Folge könnten Sie nicht mehr so viele Betriebe pro Tag besuchen, und die Verweildauer in den einzelnen Betrieben würde sich deutlich verkürzen, aber das ist nicht Ihr Problem. Das »Schöne« daran: Die Fahrten zu und zwischen den einzelnen Praktikumsbetrieben sind Dienstreisen und die dafür aufgewendete Zeit zählt als **Arbeitszeit**. Und wenn Sie an einem Tag länger als acht Stunden unterwegs sind, dann gibt es sogar eine Tagesgeldpauschale von zwölf Euro. Dafür kann man es bei McDonalds schon mal so richtig krachen lassen!

Sie können für diese (unbestritten dienstlichen) Fahrten natürlich Ihren privaten Pkw einsetzen, sind allerdings gehalten, dies vorher bei der Schulleitung zu beantragen. Das ist in der Regel kein Problem, man muss es nur machen. Sofern es ein **erhebliches** dienstliches Interesse an diesen Fahrten gibt, und das sollte bei einer Praktikumsbetreuung an entlegenen Orten vorliegen, ist der Ersatz etwaiger Unfallschäden jetzt auch nicht mehr auf 350 Euro begrenzt. Zudem gibt es nun die große Wegstreckenentschädigung (0,30 Euro/km). Das deckt heute natürlich nicht mehr die Vollkosten eines durchschnittlichen Autos. Mit einem Dacia Logan oder einem Skoda Fabia kommen Sie damit noch gerade hin, aber wer einen VW Polo fährt, der liegt schon leicht darüber und wer automobiltechnisch den Hals nicht voll kriegen kann und sich gar einen guten germanischen Golf gönnt (Alliteration!), der legt bei jedem gefahrenen Kilometer etwa zehn Cent zu. Aber was soll's? Schließlich sind wir nicht des Geldes wegen Lehrkräfte geworden, sondern aus Idealismus.

Die Frage, ob der Dienstherr einen Schaden an Ihrem Pkw zahlt, hängt nicht zuletzt davon ab, wer den Unfall in welchem Maße verursacht hat. Falls irgendjemand anders den Schaden an Ihrem Auto verschuldet hat, ist der Dienstherr fein raus. Denn dann bezahlt der andere (bzw. dessen Versicherung) Ihren Schaden. Und falls *Sie* den Schaden **grob fahrlässig** selbst verschuldet (oder mitverschuldet) haben, weil Sie auf der Fahrt mit dem Handy telefoniert haben, zahlt der Dienstherr ebenfalls nicht dafür. Der Schaden an Ihrem Auto wird in aller Regel nur dann ersetzt, wenn Sie lediglich leicht fahrlässig (unbewusste Fahrlässigkeit) oder gar schuldlos (geplatzter Reifen) gehandelt haben.

3. Wann liegt eigentlich ein Dienstunfall vor?

So knapp und direkt wie hier in der Überschrift höre ich diese Frage so gut wie nie. Meist werden wortreich irgendwelche

Schäden geschildert, die Lehrkräfte erlittet haben, deren Kosten vom Dienstherrn aber nicht übernommen werden, weil es keine Dienstunfälle waren. Damit komme ich im Gespräch mit den Kollegen dann zu der Kernfrage, was eigentlich einen Dienstunfall ausmacht.

Zunächst noch eine wichtige begriffliche Unterscheidung, die für Sie auch im privaten Bereich nützlich sein kann. Stellen Sie in der großen Pause im Lehrerzimmer doch einmal die Frage, wer eigentlich zahlt, wenn jemand zu Hause von der Leiter stürzt und hinterher querschnittsgelähmt ist. Was werden die meisten Kollegen antworten? »Das zahlt alles die Krankenversicherung!« Na ja, die Versicherung übernimmt zwar großzügig die Behandlung im Krankenhaus, nicht aber sämtliche Folgekosten. Denn eine Krankenversicherung zahlt, wie schon der Name sagt, nur bei **Krankheiten**. Und der Sturz von einer Leiter ist definitiv keine Krankheit, sondern ein **Unfall**, was etwas völlig anderes ist. Drei Kriterien kennzeichnen einen Unfall: Ein äußeres Einwirken, ein plötzlicher Eintritt, eine (örtlich und zeitlich) genaue Bestimmbarkeit.

Schwierig ist die Zuordnung bei **Vorerkrankungen**. Wenn jemand seit seiner Jugend ständig Rückenprobleme hat und nun in der Schule beim Heben eines schweren Gegenstandes einen Bandscheibenvorfall erleidet, dann liegt kein Dienstunfall vor. Das unangenehme Ereignis ist dann letztlich die Auswirkung einer Krankheit (schwacher Rücken). Sobald eine Vorschädigung besteht, liegt grundsätzlich kein Dienstunfall vor, nicht einmal dann, wenn der Unfall der Auslöser für die Beschwerden ist. Wer also trotz seiner Rückenprobleme nach dem kollegialen Umtrunk zum Schuljahresende die Tische zusammenstellt und sich dabei verhebt, der hat nicht nur Pech gehabt, sondern ist vermutlich gezwungen, diesen Unfall privat abwickeln.

Nun endlich zu klaren Situationen. Ein Dienstunfall, dessen Kosten vom Dienstherrn übernommen werden, liegt unter folgenden Bedingungen vor: Der Unfall muss entweder **in Ausübung des Dienstes** geschehen, also bei der Erledigung dienstlicher Pflichten, oder **infolge des Dienstes** eingetreten sein. Die zweite Variante erfasst mehr. Ein Beispiel hierfür wäre der rabiate Vater eines Schülers, der nachmittags einen Kollegen verprügelt, weil der seinem Sohn auf dem Zeugnis eine Fünf gegeben hat.

Die Einstufung als Dienstunfall hat viele Vorteile für den Betroffenen. Denn es wird nicht nur das Heilverfahren bezahlt, sondern daneben werden etwaige Sachschäden ersetzt. Darüber hinaus gibt es bei geminderter Erwerbsfähigkeit einen Unfallausgleich (erhöhtes Ruhegehalt plus einmalige Unfallentschädigung) sowie im Todesfall eine Unfallhinterbliebenenversorgung. Sollten Sie sich nur den Arm brechen, der problemlos wieder zusammenheilt, so sind diese Absicherungen recht uninteressant. Bei schweren Unfällen mit bleibenden Schäden sieht das schon ganz anders aus.

Um Ihnen einen groben Orientierungsrahmen zu geben, zähle ich beispielhaft auf, was als Dienstunfall bejaht wurde, wo die Einstufung strittig ist und in welchen Fällen er abgelehnt wurde.

Ein **Dienstunfall liegt vor**, wenn ein Kollege:

- während einer Schulwanderung stürzt,
- sich während eines Betriebsausflugs verletzt,
- auf einer Klassenfahrt einem Schüler hilft, der an einem Abhang herumkraxelt, und sich dabei verletzt,
- während des Essens in der Mensa dienstlich angerufen wird oder schnell disziplinarisch eingreifen muss und sich dabei verletzt,

- in der Jugendherberge in einer ungewöhnlich engen (oder schlecht beleuchteten) Dusche oder in einer Badewanne ohne rutschfeste Einlage ausrutscht.

Strittig ist z. B. der Zeckenbiss während einer Klassenfahrt. Hier hängt es vom Einzelfall ab, ob es als »allgemeines Lebensrisiko« eingestuft wird, von einer Zecke gebissen zu werden (kein Dienstunfall), oder ob eine erhöhte Gefahr besteht, weil sich die Klasse mit ihrer Lehrkraft in einem Waldeinsatz befindet (Dienstunfall).

Interessant ist das Einkaufen von Nahrungsmitteln im Supermarkt während der Mittagspause. Versichert ist der Weg dorthin und wieder zurück, nicht jedoch der eigentliche Aufenthalt im Supermarkt, weil er zu den sogenannten »**eigenwirtschaftlichen Tätigkeiten**« gehört. Letztere sind Aktivitäten, die zwar räumlich und zeitlich in Beziehung zum Dienst stehen, aber überwiegend privaten Zwecken dienen. Die Zuordnung ist manchmal schwierig, eindeutig dazu gehören allerdings: die Nahrungsaufnahme, die Körperpflege, der Toilettenbesuch.

Noch genauer unterscheiden die Spezialisten für Dienstunfälle beim Sturz an der Haustür auf dem Weg zur Schule. Stürzt man aus der Tür heraus und verletzt sich, so ist es ein Dienstunfall, fällt man zurück in den Eingangsbereich des eigenen Hauses, so ist es leider keiner.

Kein Dienstunfall liegt vor, wenn eine Lehrkraft im Unterricht einen Herzinfarkt erleidet, denn hier fehlt bereits das erste Kriterium, die äußere Einwirkung. Ebenso handelt es sich nicht um einen Dienstunfall, wenn ein Kollege sich beim Toilettenbesuch die Hand in der Tür quetscht. Versichert ist allerdings der Weg dorthin und zurück, genauso wie der Weg zur Mensa. Das Mittagessen selbst ist allerdings wieder eine eigenwirtschaftliche Tätigkeit, die nicht versichert ist.

Als Dienstunfall wird ebenfalls nicht anerkannt, wenn ein 55-jähriger Beamter demonstrativ sportlich über einen Zaun flanken möchte und sich dabei verletzt. Da man ab dem 50. Lebensjahr versicherungsrechtlich ins sogenannt »Risikoalter« kommt, sollte man sich folglich genau überlegen, wie sportlich man erscheinen will. Denn wer sich ohne Not überschätzt, der ist leider gezwungen, seine private Versicherung in Anspruch zu nehmen.

Viele Kollegen meinen, alle Unfälle, die sich auf einer Dienstreise ereignen, seien automatisch Dienstunfälle. Das erscheint logisch und ist im Prinzip auch so, aber es gibt leider Ausnahmen: Wenn ein Beamter auf der Dienstreise mit seinem Pkw von einer Wespe gestochen wird, die durchs offene Fenster gelangt, dann ist es (trotz Dienstreise) kein Dienstunfall, sondern **allgemeines Lebensrisiko**.

Grundsätzlich sind Lehrkräfte ebenfalls **in ihren Arbeitspausen** versichert, sogar wenn sie ein Nickerchen machen und dabei vom Stuhl fallen. Nicht jedoch während der »eigenwirtschaftlichen« Nahrungsaufnahme (das wissen Sie schon) oder während des Rauchens.

4. Kann ich verpflichtet werden, Fächer zu unterrichten, die ich gar nicht studiert habe?

Das hängt von den Fächern ab. Sie wissen es genauso gut wie ich: Rein rechnerisch haben viele Schulen eine Unterrichtsversorgung, die besser ist als das typische Wahlergebnis von Wladimir Putin oder Xi Jinping (99,9 Prozent). Diese frohe Botschaft (»Unterrichtsversorgung 100 Prozent«) präsentieren die Kultusminister regelmäßig stolz der Öffentlichkeit, bevor das neue Schuljahr beginnt. Eltern mit schulpflichtigen Kindern wundern sich dann, warum trotzdem häufig Unterricht (im besten Fall) fachfremd vertreten wird oder (im Normalfall) ausfällt. Na ja, das ist der Unterschied zwischen Theorie und Praxis. Denn was nützt es einer Schule, wenn sie einen Überhang an Deutsch-, Geschichts- oder Englischlehrern hat, aber zu wenige Physik-, Chemie- oder Musiklehrer? Dann hat man zwar rechnerisch eine Unterrichtsversorgung von 102 Prozent, aber es fehlen trotzdem qualifizierte Fachkräfte. Das liegt nicht an unfähigen Schulleitern, die nicht wissen, welche Fächer sie an ihrer Schule brauchen und deshalb die falschen Lehrkräfte »einkaufen«. Nein, man sagt ihnen bei den Verteilungsgesprächen: »Also, wir hätten da einen Deutschlehrer (Zweitfach Geschichte) für Sie. Wenn Sie den nicht wollen, dann kriegen Sie eben gar keinen. Sie haben zwei Minuten Zeit, sich zu entscheiden. Die Zeit läuft.«

Na ja, das war ein bisschen übertrieben, denn ein oder zwei Tage Bedenkzeit haben die Schulleiter meist schon, was aber nichts am Grundproblem ändert. Für bestimmte Mangelfächer gibt es einfach zu wenige Lehrkräfte, nicht zuletzt deshalb, weil auch Lehrkräfte manchmal für längere Zeit krank werden. Damit sind wir endlich bei der Frage aus der Überschrift.

Falls die Unterrichtsversorgung es erfordert und es ihnen **zugemutet** werden kann, können Lehrkräfte notfalls fachfremd eingesetzt werden. Folglich sind sie gehalten, Fächer zu unterrichten, die sie nicht studiert haben. Man hat diese Verpflichtung in die meisten Schulgesetze aufgenommen, weil sie für eine einigermaßen geregelte Unterrichtsversorgung enorm wichtig ist, man aber natürlich die Bedenken der fachfremd eingesetzten Kollegen kennt.

Das einzige Fach, für das diese Regelung nicht gilt, ist der konfessionelle Religionsunterricht. Denn auch Lehrkräfte haben eine (vom Grundgesetz geschützte!) »passive Religionsfreiheit«, können also nicht zu religiös geprägten Tätigkeiten verpflichtet werden. Etwas anderes gilt für religionsfreie Fächer wie »Werte und Normen«, Ethik oder Philosophie.

Fachfremd zu unterrichten, ist immer möglich, wenn die Lehrkraft dies freiwillig tut, weil das Fach sie interessiert und sie es sich zutraut. Gegen den Willen ist es möglich, sofern man es ihr zumuten kann. Das ist der Fall, wenn über persönliche Interessen eine entsprechende Vorbildung vorliegt. Wer also privat mehrere Instrumente perfekt spielt, kann sicher den Musikunterricht einer 6. Klasse übernehmen und wer mit seinen privat gefertigten Kunstwerken schon mehrere Ausstellungen bestreiten konnte, ist sicher in der Lage, den Kunstunterricht einer 7. Klasse durchzuführen. Und wer privat eine Trainerlizenz für Fußball hat, der ist ebenfalls befähigt, einen schulischen Fußballkurs zu leiten.

Aber kann er gleichfalls Turnunterricht am Barren, Reck oder Trampolin geben oder Schwimmunterricht durchführen? Wer mutig ist und sich das alles zutraut, darf es gerne versuchen. Allerdings er sollte wissen: Beim Sportunterricht handelt es sich grundsätzlich um eine »**gefahrgeneigte Tätigkeit**«. Diese darf nur jemand leiten, der dafür speziell ausgebildet und der deshalb im Schadensfall versichert ist. Schließlich kann es im Sportunterricht zu erheblichen Verletzungen oder gar zu Todesfällen kommen.

Zum Glück muss eine Lehrkraft **angehört** werden, bevor sie fachfremd eingesetzt wird. Wenn Sie sich absichern wollen, sollten Sie nicht in die übliche Falle tappen (»Sie sind doch sooo kompetent, Sie machen das schon!«) und geschmeichelt Ihre Fähigkeiten größer darstellen, als sie es wirklich sind. Lassen Sie sich vom Schulleiter **schriftlich** geben, dass Sie Bedenken geäußert haben, ganz generell Sportunterricht zu erteilen und dass er Ihnen zusichert, in einem Schadensfall versichert zu sein.

Etwas weniger dramatisch ist es, wenn Sie fachfremd ein ungefährliches Fach wie Englisch unterrichten und Abschlussarbeiten schreiben lassen oder eine Abschlussprüfung durchführen, ohne die entsprechende »Fakultas« (Lehr- und Prüfungsbefähigung) zu besitzen. Allerdings könnten unzufriedene Schüler die von Ihnen vergebene Note anfechten, weil Sie ohne das entsprechende Fachstudium eigentlich gar nicht berechtigt sind, solche wichtigen Noten zu vergeben. Lassen Sie sich deshalb hier ebenfalls vom Schulleiter (oder der vorgesetzten Schulbehörde) bestätigen, dass Sie diese Prüfungsberechtigung besitzen. Falls jetzt Schüler und Eltern die von Ihnen korrigierte Abschlussarbeit oder durchgeführte Abschlussprüfung anfechten, dann ist das nicht mehr Ihr Problem.

5. Wie reduzieren sich meine außerunterrichtlichen Tätigkeiten, wenn ich Teilzeit unterrichte und eine halbe Stelle habe?

Bis vor einiger Zeit konnte ich auf diesen Punkt nur ausweichend eingehen, weil es hierzu noch keine klare Rechtslage gab. Es war nicht eindeutig, ob und in welchem Umfang die außerunterrichtlichen Tätigkeiten von Lehrkräften ebenfalls zu kürzen sind. Einige (wenige) Schulleiter vertraten den harten Standpunkt, außerunterrichtliche Tätigkeiten wie Elternsprechtage oder Konferenzen seien weiterhin in vollem Umfang zu leisten. Schließlich umfasse die beantragte Reduzierung nur die Unterrichtsverpflichtung.

Deutlich mehr Schulleiter erkannten glücklicherweise die Berechtigung der Teilzeitlehrkräfte und reduzierten – »aus

Kulanz« und unter der Hand – geringfügig die anderen zeitlichen Belastungen.

Nur ganz wenige machten das, was endlich durch ein Urteil des BVerwG (vom 16.07.2015) höchstrichterliche Rechtsprechung und damit bindend ist. In diesem Urteil stellt das Gericht fest: Die außerunterrichtlichen Tätigkeiten sind in der **gleichen Quote** zu kürzen wie die reduzierte Unterrichtsverpflichtung. Wer nur eine »halbe Stelle« hat, der gibt folglich nicht nur die halbe Zahl an Unterrichtsstunden, sondern hat ebenso einen Anspruch darauf, dass seine anderen Verpflichtungen (Elternsprechtage, Konferenzen) halbiert werden.

Allerdings gibt es eine Formulierung im Urteil, die beim schnellen Lesen leicht übersehen wird, die ich Ihnen jedoch nicht unterschlagen darf. Das Gericht erklärt, die übrigen Belastungen seien **in der Summe** im gleichen Maße zu kürzen. Was bedeutet das konkret, z. B. für die Teilnahme an Konferenzen? Lassen Sie uns annehmen, der Betreffende müsse nur an jeder zweiten Konferenz teilnehmen. Was aber, wenn irgendwann die zweite Konferenz eine wichtige Disziplinar- oder Versetzungskonferenz ist? Kann der Betreffende sich dann ausklinken? Natürlich nicht, sondern er kann verpflichtet werden, an dieser entscheidenden Konferenz teilzunehmen. Aber da seine Belastung »in der Summe« zu halbieren ist, steht ihm dafür ein Ausgleich an anderer Stelle zu. Die Schulleitung könnte ihn z. B. von anderen (unwichtigeren) Konferenzen freistellen, beim jährlichen Sportfest nicht als Aufsicht einteilen oder beim Tag der offenen Tür nicht einsetzen.

Bei Elternsprechtagen ist die Lösung ganz einfach und nachvollziehbar: Jemand der nur halb so viel Unterricht erteilt – und damit nur halb so viele Klassen hat – ist am Elternsprechtag eben nur halb so lange anwesend wie eine Lehrkraft mit voller Stundenzahl.

Für Teilzeitkräfte empfiehlt es sich, genau Buch darüber zu führen, in welchem Umfang sie außerunterrichtliche Tätigkeiten durchgeführt haben, damit dies spätestens zum Schuljahresende ausgeglichen und ihre Quote in der Summe nicht deutlich überschritten wird.

6. Welche Arbeitsmaterialien muss mir der Dienstherr liefern?

Über Jahrzehnte hinweg haben Lehrkräfte klaglos auf eigene Kosten die Materialien, die sie für ihren Unterricht brauchten, angeschafft. Was sich da im Laufe des Jahres zusammenläpperte, stellte man erst bei der Steuererklärung (»Werbungskosten«) fest. Umso mehr freute man sich, wenn man im Zuge des Steuerausgleichs nachträglich wenigstens etwa 25 Prozent der verauslagten Kosten erstattet bekam. Das war schon ein Grund zu feiern.

Dann aber (im Jahre 2003) stellten einige Kollegen die berechtigte Frage, warum *sie* eigentlich aus eigener Tasche die Arbeitsmaterialien zahlen sollen, die sie brauchen, um für ihren Arbeitgeber (den Dienstherrn) tätig zu werden. Ist es nicht die Pflicht des Arbeitsgebers, die Arbeitsmaterialien bereitzustellen? Muss der Schweißer von Thyssen sich selbst ein Schweißgerät kaufen, die Putzfrau sich ihren Wischmopp und der Maurer sich selbst seine Maurerkelle? Natürlich nicht, diese Dinge hat der Arbeitgeber zu stellen.

Und so klagten die Kollegen, begingen dabei allerdings den taktischen Fehler, jeden Rotstift, jeden Radiergummi, jede Büroklammer aufzulisten und einzufordern. Sie bestärkten damit das gängige Vorurteil vom erbsenzählenden Lehrer und scheiterten mit ihrer Klage.

Einige Jahre später (2006) war ein Kollege geschickter, danach folgten weitere. Sie stellten keine Maximalforderung mehr, die noch die letzte Büroklammer erfasste, sondern beschränkten sich auf das Wesentliche. Vermutlich hatte ihr Anwalt ihnen erklärt, dass auch in anderen Berufen viele Arbeitnehmer sich manchmal einige Arbeitsmittel selbst kaufen, weil diese ihre Arbeit erleichtern. So besitzt fast jeder Koch seinen privaten Messersatz, Beamte bei Polizei und Bundeswehr ergänzen auf eigene Kosten ihre Ausrüstung, weil das dienstlich gelieferte Material zwar den Minimalanforderungen genügt, allerdings nicht optimal ist.

Der erste Kollege forderte vom Dienstherrn das, was zur Durchführung seines Unterrichts absolut notwendig ist und hatte damit Erfolg (2008, OVG Koblenz). Im konkreten Fall ging es um das Lehrbuch, das für den Unterricht in einer Jahrgangsstufe **verbindlich vorgeschrieben** war. Das Gericht stellte fest, solche Arbeitsmaterialien seien vom Arbeitgeber (Dienstherrn) zu stellen. Das erfasste nicht den Radiergummi und ebenso nicht die Handreichungen für Lehrkräfte, die vielleicht sinnvoll, jedoch nicht zwingend notwendig sind. Aber es war ein Anfang, dem weitere Urteile anderer Gerichte folgten, sodass die Auffassung heute »herrschende Meinung« darstellt.

Und weil das Recht sich im Laufe der Jahrzehnte entwickelt, sind inzwischen immer mehr vorausschauende Schulträger dazu übergegangen, in der Schule sogar einige richtige Arbeitsplätze für die Lehrkräfte bereitzustellen. Zwar sind wir noch nicht so weit wie in den USA, wo jede Lehrkraft ihren Klassenraum mit eigenem Arbeitsplatz hat, aber die Entwicklung geht in die richtige Richtung.

Damit Sie die notwendigen Arbeitsmaterialien gestellt bekommen, sind allerdings zwei bis drei Dinge zu berücksichtigen: Sie können sich nicht einfach das entsprechende

Buch selbst kaufen und dann die Kosten von Ihrer Schulleitung einfordern, sondern müssen der Schule die Möglichkeit geben, über eine Sammelbestellung einen deutlich günstigeren Preis zu bekommen. Darüber hinaus wird das Lehrbuch, das man Ihnen zur Verfügung stellt, **nicht Ihr Eigentum**. Sie dürfen folglich keine Anmerkungen in das Buch schreiben und müssen es wieder zurückgeben, sobald Sie es nicht mehr brauchen.

7. Wie viele Stunden Frühbereitschaft sind zulässig, und wie werden sie mir angerechnet?

Das lässt sich leider nicht eindeutig beantworten. Über die ausgesprochen knappe Unterrichtsversorgung, bei der es keine vernünftige Personalreserve gibt (Ausnahme Bayern), hatte ich schon etwas gesagt (Frage 4). Das Ziel des Dienstherrn ist leider nicht eine optimale Unterrichtsversorgung, die etwaige Ausfälle auffangen könnte, sondern es wird – im Stil sehr sparsamer Schneider –»auf Kante genäht«. Wenn dann Lehrkräfte krank werden, womit der Dienstherr nun wirklich nicht rechnen konnte, dann sitzen die Schüler einiger Klassen eben ohne Lehrkraft da und können nur noch mit dem Handy spielen.

Das stört die Schüler nicht, wohl aber deren Eltern, die für ihre Steuergelder wieder einmal keinen Unterricht, sondern nur dessen Ausfall bekommen. Da eine Stillbeschäftigung der Schüler zwar theoretisch das selbstständige Lernen fördert, praktisch jedoch nicht sonderlich effektiv ist, benötigt man als Schule eine Vertretungsreserve. Folglich müssen morgens – je nach Größe der Schule – ein, zwei oder drei Kollegen vor Ort sein, um überraschende Unterrichtsausfälle auszugleichen. Das ist für die Betroffenen unerfreulich, weil sie nun nicht mehr in Ruhe zu Hause frühstücken können, sondern gezwungen sind, bereits zur ersten Stunde in der Schule zu sein.

Objektiv gesehen ist eine solche Frühbereitschaft jedoch sehr sinnvoll. Sie zeigt Schülern und Eltern nämlich: Die Schule nimmt die gesetzliche Schulpflicht ernst und versucht alles, um ihre Schüler mit Unterricht zu versorgen. Den meisten Lehrkräften wäre es ebenfalls lieber, wenn während ihrer Erkrankung ihre Schüler einigermaßen sinnvoll in ihrem Unterrichtsfach beschäftigt würden, anstatt einfach nur so rumzuhängen.

Also müssen alle Kollegen einmal ran, um etwaige Ausfälle der anderen so gut wie möglich abzufedern. Aber wie oft? Wie viele Ausfälle soll eine solche Frühbereitschaft auffangen? Wie stark dürfen Lehrkräfte durch solche Bereitschaftsdienste zusätzlich belastet werden?

Bevor wir uns gleich der juristischen Seite zuwenden, gehen wir erst einmal ganz praktisch an das Problem heran: Erfahrungsgemäß ist die Zahl der Krankmeldungen am Montag besonders groß, was nicht damit zusammenhängt, dass diese Kollegen gezielt das Wochenende verlängern. Vielmehr halten sie die Woche über durch, obwohl es ihnen nicht so gut geht. Am Wochenende versuchen sie, sich zu erholen, um für die nächste Woche wieder fit zu sein. Aber diese zwei Tage reichen meist nicht, um vernünftig zu regenerieren. Also kommt die Krankmeldung an den Stundenplaner am Sonntagabend (das geht noch), manchmal leider erst am Montagmorgen (dann wird es hektisch).

Wenn Ihr Stundenplaner seinen Job schon einige Zeit versieht, hat er sicher Erfahrungswerte darüber, wie viele überraschende Krankmeldungen es morgens gibt, denn nur für die braucht man einen Bereitschaftsdienst. Er kann also ganz gut einschätzen, wie viele Kollegen er als morgendliche Vertretungsreserve benötigt.

Nun wird es langsam juristisch. Für unseren fiktiven Kollegen, den wir für seine Frühbereitschaft ins Lehrerzimmer setzen, gibt es nun zwei Möglichkeiten: Entweder wird er eingesetzt und muss in der 8a eine Vertretungsstunde abhalten, oder aber er bleibt davon verschont und hat... frei. So sieht es zumindest der hessische VGH in seinem zentralen Urteil (vom 28.03.2007) zur Frühbereitschaft von Lehrkräften, auf das ich jetzt eingehe.

Zuvor aber sagt das Gericht etwas zu dem Zeitraum, bis klar ist, ob der Kollege eingesetzt wird oder nicht. Meist ist das bereits zum Beginn der ersten Stunde klar, manchmal dauert diese Entscheidung allerdings ein paar Minuten. Das Gericht stellt fest: »Die kurze Zeitspanne, bis feststeht, ob Vertretungsbedarf besteht oder nicht, ist **nicht als** quantifizierbare **Arbeitszeit** einzustufen.« Das sehe ich genauso. Die wenigen Minuten aufzuschreiben, zusammenzuzählen und sich dann irgendwann eine Stunde dafür anrechnen zu lassen, wäre in meinen Augen übertriebene Erbsenzählerei.

Interessanter ist die restliche Zeit der ersten Stunde, die der Kollege jetzt früher in der Schule ist. Was ist damit? Das Gericht sagt, es handle sich dabei **nicht um einen Bereitschaftsdienst** wie bei Ärzten oder Polizisten. Denn diese müssten im Gebäude bleiben, während eine Lehrkraft sich jetzt frei verhalten könne. Na ja, das stimmt nur so halb. Zwar könnte der Kollege um die Ecke im Supermarkt einkaufen oder auf dem Parkplatz sein Auto reinigen, aber er könnte in der Regel nicht – wie das Gericht es vorschlägt – mal schnell wieder nach Hause fahren. Folglich sind Lehrkräfte in solchen Situationen nicht völlig frei, sie haben jedoch (theoretisch) mehr Möglichkeiten als ein Arzt oder Polizist. Aus diesem Grund kommt das Gericht zu der Überzeugung, eine Stunde, in der

keine Vertretung zu geben ist, sei **nicht** anzurechnen. Das ist bedauerlich, aber leider nicht zu ändern.

Glücklicherweise gibt es daneben etwas Positives. So ganz nebenbei stellte das Gericht fest, eine **abgeleistete** Vertretungsstunde sei **selbstverständlich** (!) auf die Arbeitszeit anzurechnen. Dieser Einschätzung folgen wir sofort.

Nun etwas zur Häufigkeit solcher Frühbereitschaften: Bei der Klage vor dem VGH Hessen ging es darum, dass die Kollegen an **zwei Tagen im Schuljahr** als Frühbereitschaft eingesetzt wurden. Eine so geringe zusätzliche Belastung, so das Gericht, sei ohne Zweifel zulässig. Der VGH nahm aber daneben Bezug auf ein früheres Urteil des OVG Münster, das 2005 festgestellt hatte, **zwei bis drei Stunden pro Woche (pro Kollege!)** seien nicht zu beanstanden. Dem widerspricht der VGH und sagt, eine solche Belastung sei definitiv zu hoch. Na, das ist ja wenigstens ein kleiner Lichtblick.

Fazit: Wenn die Frühbereitschaft an Ihrer Schule pro Lehrkraft zwischen zwei Stunden pro Schuljahr und zwei Stunden pro Woche liegt, dann ist das juristisch gedeckt. Glücklicherweise sind immer mehr Schulleiter heute einsichtig und erkennen durchaus die zusätzliche Belastung durch eine solche Frühbereitschaft an. Da ich bei meinen Fortbildungen oft mit den Kollegen, dem Personalrat und den Schulleitern rede, kann ich Ihnen sagen: Viele Schulen haben intern einen fairen Kompromiss ausgehandelt, mit dem alle Beteiligten recht gut leben können. Ganz grob über den Daumen gepeilt wird an etlichen Schulen eine Frühbereitschaftsstunde, in der keine Vertretung gegeben wird, mit 0,25 Std. angerechnet. Das können Sie nach den oben angesprochenen Urteilen zwar nicht einklagen, aber Sie bzw. Ihr Personalrat haben einen praktikablen Anhaltspunkt für Verhandlungen mit Ihrer Schulleitung. Ich drücke Ihnen beide Daumen.

8. Kann die Schulleitung mich auch am Wochenende zu dienstlichen Tätigkeiten in die Schule bestellen?

Diese Frage wurde mir vor langer Zeit von einer Grundschullehrerin gestellt, deren Schulleiterin für den Samstagvormittag einen »Tag der offenen Tür« vorgesehen hatte. Zu dem sollten nicht nur interessierte Schüler und Eltern, sondern natürlich ebenso die Kolleginnen kommen. Um nicht nur die Frage zu beantworten, sondern das gesamte Problemfeld zu erklären, hole ich ein wenig aus.

Für viele Menschen sind die Wochenenden inzwischen arbeitsfrei. Allerdings ist der Samstag offiziell immer noch ein **Werktag**, an dem Verkäufer, Postzusteller, Friseure und viele andere arbeiten. Und – man mag es kaum glauben – es gibt sogar noch (wenige) Schulen, an denen samstags Unterricht stattfindet.

Wenn also an Ihrer Schule der Samstag unterrichtsfrei ist, dann gönne ich Ihnen das aus ganzem Herzen, damit Sie zwei Tage am Stück haben, um sich von dem anstrengenden Beruf zu erholen.

Allerdings kann die Schulleitung Sie ausnahmsweise auch am Samstag in die Schule bestellen, sofern es dafür einen nachvollziehbaren Grund gibt. Bei meinem Beispiel (»Tag der offenen Tür«) hatte die Schulleitung wie folgt argumentiert: Sie wollte möglichst vielen Eltern, und zwar auch berufstätigen, die Möglichkeit geben, sich die Schule und ihre Angebote anzuschauen. Um dieses Ziel zu erreichen, sei ein Samstagmorgen objektiv besser geeignet als z. B. ein Donnerstagnachmittag. Da ist was dran, das sollte man fairerweise zugeben. Die besagte Kollegin sah das natürlich ganz anders. Aber ich finde, das Argument der Schulleitung ist nicht von der Hand zu weisen. Folglich wären Sie in einem vergleichbaren Fall verpflichtet, sogar samstags einmal in die Schule zu kommen. Allerdings muss die Schulleitung diesen außergewöhnlichen Einsatz langfristig, das heißt mindestens vier Wochen vorher, ankündigen. Schließlich haben Sie grundsätzlich am Wochenende frei und dürfen für diese Zeit langfristig planen, z. B. einen Kurztrip (mit Übernachtung) nach Berlin, Frankfurt oder München.

In einem anderen Fall sollte eine Lehrkraft dienstlich verpflichtet werden, am **Sonntag** zu einem Fußballturnier zu erscheinen, das die Elternschaft organisiert hatte. Was meinen Sie, wie ist hier die Rechtslage? Völlig anders. Selbst wenn die Notdienste im Krankenhaus, bei Polizei und Feuerwehr sogar sonntags arbeiten, so ist der Sonntag für normale Arbeitnehmer ein (religiös begründeter) freier Tag, an dem Sie, wie es der biblische Text (AT, 2. Mose 23:12) vorschlägt, feiern können. Als weltliche Begründung kann Ihnen der § 9 ArbZG (Sonn- und Feiertagsruhe) dienen. Es liegt also ganz bei Ihnen, wie Sie diesen Tag zur Erholung nutzen.

9. Warum bin ich eigentlich verpflichtet, ausgefallene Stunden (z. B. eisfrei) nachzuholen?

Ich glaube, es gibt fast keine Fortbildung, bei der diese Frage nicht irgendwann auftaucht. Gründe für ausgefallene Stunden sind z. B.:

- Eisfrei,
- Schüler sind im Praktikum oder auf Klassenfahrt,
- Schüler haben zwischen schriftlicher und mündlicher Prüfung unterrichtsfrei,
- Schüler in Abschlussklassen sind vor dem Schuljahrsende bereits entlassen.

Die typischen Argumente, mit denen das in der Frage mitschwingende Unverständnis untermauert wird, lauten regelmäßig: »Das ist doch nicht meine Schuld!« oder »Was kann ich denn dafür, wenn die Schüler nicht da sind? Ich war doch bereit, in dieser Zeit zu arbeiten!« Ich verstehe die ungehaltenen Äußerungen, jedoch setzen sie am falschen Punkt an, nämlich an der Frage des Verschuldens. Darum aber geht es nicht, wie Sie hoffentlich gleich an meinem Beispiel erkennen werden.

Stellen Sie sich bitte vor, Sie hätten einen Handwerker, der schon häufiger erfolgreich Reparaturen für Sie ausgeführt hat. Nun ist Ihre Waschmaschine defekt, Ihr Handwerker kommt, schaut sich die Maschine an und sagt, er brauche ein Ersatzteil, könne die Maschine dann aber übermorgen reparieren. Er schlägt Ihnen vor, dies zu einem Festpreis zu machen, wenn Sie ihm jetzt 100 Euro auf die Hand geben. Das machen Sie, denn der Mann ist vertrauenswürdig.

Zwei Tage später gibt es Blitzeis, die Straßen sind unpassierbar, sodass der Handwerker nicht zu Ihnen kommen kann. Darf er dann die 100 Euro behalten, weil ihn am Blitzeis keine Schuld trifft? Oder muss er die Leistung nachträglich erbringen, weil er dafür schon das Geld erhalten hat? Bei diesem Beispiel fällt die Antwort leicht: Natürlich muss er die Waschmaschine später noch reparieren, obwohl er für das Blitzeis wirklich nichts kann. Es geht eben nicht um das Verschulden, sondern um die Frage: Hat der Betreffende seine Leistung erbracht, für die er bereits bezahlt wurde?

Genau das ist die Situation von Lehrkräften, wenn Unterricht ausfällt, weil Schüler (z. B. wegen eines Praktikums) nicht in der Schule sind. Sie sind verpflichtet, den ausgefallenen Unterricht irgendwann nachzuholen. Großzügige Schulleitungen lassen die Kollegen manchmal in dieser Zeit in der Schule arbeiten und rechnen diese Stunden dann als geleistete Arbeit an. Aber das müssen sie nicht.

10. Wie verhalte ich mich, wenn von mir etwas gefordert wird, das ich nicht leisten kann?

Da es immer mehr Lehrkräfte gibt, die hart an der Grenze ihrer Leistungsfähigkeit arbeiten, höre ich die oben genannte Frage recht häufig. Das ist nachvollziehbar, weil die Verwaltungstätigkeit in den letzten Jahrzehnten ständig zugenommen hat. Früher konnte man einem arbeitsunwilligen, schwachen Schüler eine schlechte Note geben, und das war's. Heute muss dafür zuerst eine Lernstandserhebung durchgeführt werden, dann ist der Förderbedarf festzustellen, die ergriffenen Fördermaßnahmen sind aufzulisten und zum Schluss ist schriftlich zu begründen, warum die Fördermaßnahmen nicht gegriffen haben. Kurzum, die Belastung ist sehr hoch. Das trifft gleichermaßen auf die Schulleitungen zu. Auch die wissen kaum noch, wie sie die an sie gestellten Anforderungen erfüllen sollen.

Bevor ich Ihnen gleich zeige, welche Möglichkeit Sie haben, um auf eine etwaige Überforderung zu reagieren, sollen zwei Varianten der Unmöglichkeit unterschieden werden. Zum einen gibt es die **subjektive** (oder persönliche) **Unmöglichkeit**. Das heißt, Sie können diese Aufgabe nicht erfüllen, aber jemand anderes könnte es. Das wäre der Fall, wenn Sie an Ihrer Schule fachfremd Chemie oder Physik unterrichten sollen, von der Materie aber überhaupt keine Ahnung haben.

Daneben gibt es die **objektive Unmöglichkeit**. Das bedeutet: Niemand kann diese Aufgabe erfüllen. Das wäre gegeben, falls man von Ihnen verlangen würde, in zwei weit voneinander entfernten Räumen des Schulgebäudes gleichzeitig zwei Klassen lückenlos zu beaufsichtigen. Das können nicht nur Sie nicht leisten, sondern das schafft auch sonst niemand.

Man kann zwischen zwei, drei vier oder fünf Räumen pendeln, aber das ist etwas anderes.

Eine Unterform der subjektiven Unmöglichkeit ist die Variante, dass die von Ihnen geforderte Aufgabe zwar theoretisch von Ihnen zu leisten wäre, Sie aber zurzeit mit anderen dienstlichen Dingen so eingedeckt sind, dass die zusätzliche Aufgabe nicht zu bewältigen ist. Denn sogar für Lehrkräfte hat der Tag nur 24 Stunden. Falls Sie also einmal in eine solche Situation kommen, sollten Sie eine »Überlastungsanzeige« stellen. Schließlich sind Sie als gewissenhafter Beamter (Angestellter) verpflichtet, nach oben zu signalisieren, wenn Sie einen Auftrag nicht erfüllen können oder riskieren, Ihre Gesundheit zu schädigen.

Denn Sie haben, das ist ein Teil der allgemeinen Beamtenpflicht, die **Pflicht zur Gesunderhaltung**, damit Sie Ihrem Dienstherrn möglichst lange mit voller Arbeitskraft zur Verfügung stehen.

Sobald Sie also die Grenze Ihrer Leistungsfähigkeit erreichen, sind Sie verpflichtet, das der Schulleitung mitzuteilen, damit Sie nach Möglichkeit entlastet werden und nicht längerfristig ausfallen.

11. Was kann ich unternehmen, falls in der Schule negative Gerüchte über mich kursieren?

Mehr als Sie glauben. Glücklicherweise höre ich nur selten von solchen Vorkommnissen, dann aber mit einem verzweifelten Unterton in der Stimme. Der Leidensdruck ist in diesen Fällen meist sehr hoch. Leider herrscht in einigen Lehrerzimmern eine ausgesprochen angespannte Situation. Die Kollegen sind sich untereinander nicht grün und reden schlecht übereinander, natürlich immer hinter dem Rücken der Betreffenden. In der Regel wird die mangelnde fachliche oder pädagogische Kompetenz bemängelt, daneben gibt es aber ebenso Gerede über vermeintliche persönliche Defizite.

Lassen Sie uns einmal annehmen, Sie wären das Opfer eines solchen Gerüchts. Was können Sie nun machen, falls Kollegen hinter Ihrem Rücken (unwahre) negative Behauptungen über Sie verbreiten? Bevor wir zu Ihren Optionen innerhalb der Schule kommen, sollten Sie drei strafrechtliche Delikte aus dem Bereich »Verstöße gegen die Ehre« unterscheiden können:

Die stärkste Form ist die **Verleumdung** (§ 187 StGB). Sie liegt vor, sobald jemand **wider besseres Wiss**en etwas Abträgliches über Sie behauptet.

Die etwas schwächere und häufigste Form ist die **üble Nachrede** (§ 186 StGB), in der Umgangssprache als »Gerücht« bezeichnet. Hierbei weiß der Betreffende nicht, ob das Negative über Sie stimmt oder nicht, er erzählt es aber trotzdem weiter. Er kann sich entlasten, sofern er nachweist, dass das Gesagte zutreffend ist. Die typische Ausrede des Ertappten »Aber ich habe diese Information doch von dem Kollegen X bekommen« entschuldigt ihn keineswegs. Denn bei der üblen Nachrede wird nicht nur der Urheber bestraft (das vermutet jeder), sondern ebenso **das letzte Glied** der Verbreitung. Das ist kaum bekannt, aber für Sie hilfreich zu wissen.

Die schwächste Variante ist die **Beleidigung** (§ 185 StGB), bei der nicht nur der sachliche Inhalt, sondern auch die Form der Äußerung eine wichtige Rolle spielt. Selbst wenn das Gesagte zutrifft, (Sie sind z. B. homosexuell), könnte die **Form** verletzend sein (»Diese schwule Sau«) und wäre damit eine Beleidigung.

Nun endlich zu Ihrer Möglichkeit, sich in der Schule gegen Gerüchte zu wehren: Es ist das sogenannte **Selbstreinigungsverfahren**, das in zwei Varianten existiert.

Bei der leichten Form leiten Sie eine **Dienstaufsichtsbeschwerde** gegen sich selbst ein. Ja, das geht tatsächlich. Um zu prüfen, ob diese begründet ist, könnte der Schulleiter im Lehrerzimmer einen Zettel aushängen. Auf diesem fordert er alle Lehrkräfte auf, ihm innerhalb einer bestimmten Frist sachdienliche Hinweise bezüglich des gegen Sie gerichteten Vorwurfs zukommen zu lassen. Wenn, wie zu vermuten ist, während dieser Frist nichts dazu vorgetragen wird, dann ist die Angelegenheit geklärt. Der Vorwurf gegen Sie ist offensichtlich unbegründet, was ebenfalls im Lehrerzimmer bekannt gegeben wird.

Die schwere Variante besteht darin, gegen sich selbst ein **Disziplinarverfahren** zu beantragen. Jetzt wird ein förmliches Ermittlungsverfahren durchgeführt. Bestätigt sich der Verdacht gegen Sie nicht, wird das Verfahren eingestellt. Das ist ein klares Ergebnis, das im Lehrerzimmer veröffentlich werden kann, verbunden mit der Drohung, straf- und disziplinarrechtliche Schritte gegen jeden zu unternehmen, der dieses Gerücht weiterhin verbreitet. Ich wünsche Ihnen, dass Sie in Ihrem Kollegium nie dieses Verfahren anzuwenden brauchen.

12. Was darf ich anderen Kollegen über meine Schüler mitteilen?

Die Entdeckung des Datenschutzes im Jahre 1983 (Volkszählungsurteil des BVerfG) und die DSGVO vom Mai 2018 haben für erhebliche Verunsicherung unter den Lehrkräften gesorgt. Sie sind die drohenden Gespenster, die an jeder Ecke lauern.

Sogar in den großen Pausen im Lehrerzimmer sind sie präsent und werfen die Frage auf, wie es eigentlich um den Informationsaustausch zwischen den Lehrkräften steht. Einerseits sollen sie zusammenarbeiten, um ein vollständiges Bild über einen Schüler zu bekommen, bevor sie Entscheidungen fällen. Andererseits verbietet der Datenschutz die unberechtigte Weitergabe von personenbezogenen Daten an »Dritte«, wie es juristisch so schön heißt. Wie bringt man in der Schule diese beiden gegensätzlichen Ansätze unter einen Hut? Gehen wir zur Klärung der Frage schrittweise vor:

1. So wie Sie zur **Amtsverschwiegenheit** verpflichtet sind, sind es auch Ihre Kollegen. Die Informationen, die sie von Ihnen bekommen, dürfen nur zu dienstlichen Zwecken genutzt und nicht nach außen getragen werden. Sie können folglich davon ausgehen, dass Ihre Kollegen dies nicht nur wissen, sondern sich ebenfalls daran halten.
2. Es muss eine **dienstliche Notwendigkeit** bestehen, diese Informationen auszutauschen. Die könnte beispielsweise darin liegen, ein möglichst vollständiges Bild von der Leistungsfähigkeit eines Schülers zu bekommen, um sachgerecht zu entscheiden, ob die Versetzung in den nächsten Jahrgang oder die Wiederholung des Jahres für ihn sinnvoller ist.
3. Solche Informationen dürfen also weitergereicht werden, allerdings nur an »**diejenigen, die es angeht**«, wie die Juristen es nennen. Bei einem Schüler, der leistungsmäßig auf der Kippe steht, können Sie sich natürlich mit den Kollegen austauschen, die diesen Schüler ebenfalls unterrichten. Es gibt aber keinen sachlichen Grund, seinen schwachen Leistungsstand auch Lehrkräften zu offenbaren, die diesen Schüler nicht im Unterricht haben.

Zusammengefasst bedeutet das: Sie dürfen sachbezogene Informationen mit den beteiligten Kollegen austauschen, nicht aber interessante Details über Schüler im Lehrerzimmer einfach so zum Besten geben, um das Pausengespräch aufzupeppen.

13. Kann ich meinen Schülern sagen, welcher Religion ich angehöre oder welche Partei ich wähle?

Häufig schallt mir in meinen Fortbildungen bei dieser Frage häufig ein spontanes »Nein!« entgegen. Um Missverständnisse auszuschließen, präzisiere ich: Es geht nicht darum, ob Sie das Ihren Schülern sagen *müssen*, sobald sie danach fragen. Schließlich sind die Religions- oder Parteizugehörigkeit höchstpersönliche Einstellungen, die Sie niemandem zu enthüllen oder gar zu begründen brauchen.

Nun zurück zur Frage, ob Sie die beiden oben genannten Informationen Ihren Schülern mitteilen *dürfen*, wenn Sie es für sinnvoll halten. Schließlich interessieren sich Ihre Schüler für Sie als Mensch und möchten wissen, wie Erwachsene außerhalb ihrer Familie denken und handeln.

Ja, Sie dürfen Ihre Weltanschauung offenbaren, denn die grundgesetzlich geschützte Meinungsfreiheit gilt grundsätzlich ebenso für Sie in der Schule, (solange Sie nicht die demokratische Grundordnung in Frage stellen). Da Sie als rhetorisch geschulter Erwachsener den minderjährigen Schülern argumentativ überlegen sind, dürfen Sie die Schüler allerdings nicht beeinflussen. Sie müssen klarstellen: Ihre Standpunkte sind ganz persönliche Ansichten, mit gleicher Berechtigung kann man aber auch anderer Meinung sein.

14. Darf ich als Lehrkraft von meinen Schülern Geschenke annehmen? Wenn ja, in welchem Umfang?

Nun wird es etwas kniffelig, weil der Wert dessen, was man annehmen darf, in den Bundesländern etwas unterschiedlich ist. Deshalb jedoch auf die Klärung dieser Frage völlig zu verzichten, erschien mir nicht sinnvoll. Denn die Grundsätze zur Annahme von Geschenken sind in allen Bundesländern gleich oder doch recht ähnlich.

Zuerst das Wichtigste: Wenn ich hier von Geschenken rede, dann meine ich solche der **gesamten Klasse** oder aller Eltern zusammen. Geschenke einzelner Schüler oder Eltern sind grundsätzlich unzulässig, weil die Befürchtung besteht, diese Schüler oder Eltern könnten sich einen Sympathievorsprung »erkaufen«.

Falls Sie doch einmal von einem Schüler eine Schachtel mit Pralinen bekommen und sie aus irgendeinem Grund nicht zurückweisen möchten, sollten Sie die Süßigkeiten sofort in der Klasse verteilen.

Nun zu der sogenannten **Bagatellgrenze**, bis zu der Sie ein Geschenk ohne Genehmigung von oben annehmen dürfen. Sie liegt in NRW bei einem Euro pro Schüler (praxisnahe Lösung), in Niedersachsen bei zehn Euro für die gesamte Klasse (wenig praxisnah). Lassen Sie eine 8. Klasse einmal zehn Euro durch 26 Schüler teilen und den Klassensprecher das Geld (gerundet 38 Cent/Schüler) einsammeln. Da vergeht eine Freistunde wie im Fluge.

Ein leichtes Überschreiten der Grenze ist unproblematisch, sofern es sich z. B. um einen Blumenstrauß handelt, der einen geringen »**Gebrauchswert**« hat.

Neben dieser Bagatellgrenze gibt es eine weitere Grenze, bis zu der die **Schulleitung** die Annahme von Geschenken genehmigen kann. Sie liegt in den meisten Bundesländern bei 50 Euro, in Hessen bei stolzen 150 Euro! Im Zweifelsfall wenden Sie sich einfach an Ihre Schulleitung, um sich abzusichern, ob Sie das Geschenk annehmen dürfen.

Was können Sie nun tun, falls Sie doch einmal ein wertvolleres Geschenk angenommen haben, weil Sie die Schenker nicht verprellen wollten? Machen Sie es wie die Kollegin, die von Ihrer Klasse eine Gartenbank (Preis 99 Euro) geschenkt bekommen hatte. Die hat sie der Schule gestiftet, wo sie jetzt auf dem Pausenhof steht und der Schulgemeinschaft zugutekommt.

Sollten Sie von Ihren Schülern etwas zum Geburtstag erhalten, das über der Bagatellgrenze liegt, könnten Sie Ihre Klasse z. B. **zeitnah** in die Schulcafeteria einladen, um dadurch den vermögenswerten Vorteil wieder auszugleichen.

Und falls Sie (wie der Kollege einer BBS) einen Gutschein für einen Tandemsprung mit dem Fallschirm bekommen (Wert 180 Euro), könnten Sie den Betrag, der über der Genehmigungsgrenze liegt, wieder der Schule oder einer gemeinnützigen Institution (z. B. DRK) zukommen lassen, um sich nicht persönlich zu bereichern. Aber bitte nicht missverstehen: Diese drei genannten Möglichkeiten sind nur die zweitbeste Wahl, weil – vor allem im letzten Beispiel – trotzdem der Eindruck bleibt, Sie hätten das Geschenk einfach so angenommen.

Deshalb empfehle ich Ihnen bzw. Ihrer Schule: Geben Sie den Schülern (und Eltern), z. B. bei der Aufnahme in Ihre Schule, die finanziellen Grenzen Ihres Bundeslandes für die Annahme von Geschenken bekannt. Wer sich danach bewusst darüber hinwegsetzt, der will Sie in Schwierigkeiten bringen oder bestechen.

Ach ja, fast hätte ich es vergessen: Manchmal argumentieren einige Kollegen, die Annahme wertvoller Geschenke sei unproblematisch, weil diese ja erst *nach* den Zeugniskonferenzen überreicht werden oder weil die Schüler (in Abschlussklassen) kurz danach die Schule verlassen. Diese Argumentation ist falsch, da die Geschenke immer noch in einem zeitlichen Zusammenhang mit Ihrer dienstlichen Tätigkeit als Lehrkraft stehen. Wenn Sie mir nicht glauben, lesen Sie sich die rechtliche Regelung Ihres Bundeslandes einmal ganz in Ruhe durch.

15. Muss ich als Atheist eigentlich Schüler beim Weihnachtsgottesdienst beaufsichtigen?

Nein, allerdings brauchen Sie kein Atheist zu sein, um in einen solchen Konflikt zu kommen. Sie könnten auch einer deutlich anderen Glaubensrichtung (Buddhismus, Islam, Shintoismus) als der christlichen angehören oder ein »Freidenker« sein, damit sich diese Frage für Sie stellt.

Nun zur Lösung: Das Grundgesetz versteht unter der Religionsfreiheit (Art. 4) vor allem die aktive Religionsfreiheit, also das Recht, die eigene Religion (oder Weltanschauung) aktiv auszuüben. Daneben wird jedoch die **passive Religionsfreiheit** geschützt. Darunter verstehen Juristen das Recht, von unerwünschten Religionen und ihren Bekundungen verschont zu bleiben. Das gilt in gleichem Maße für Schüler und Lehrkräfte.

Damit ist die Frage schnell und eindeutig beantwortet: Sie sind nicht verpflichtet, eine Klasse während des Weihnachtsgottesdienstes zu beaufsichtigen, falls Sie eine solche Veranstaltung aus religiösen oder weltanschaulichen Gründen ablehnen. Allein die Tatsache, dass die Veranstaltung in einer Kirche mit einem Glaubenssymbol (Kreuz) stattfindet oder dass nur ein einziges religiöses Lied gesungen wird, reicht aus, damit Sie sich wirksam auf Ihr Grundrecht zu berufen können.

Anders sieht es hingegen aus, wenn an Ihrer Schule eine absolut religionsfreie »Jahresendfeier«, z. B. in der Turnhalle, stattfindet. An der müssten Sie teilnehmen. Genau so ist die Situation, falls sie an einer konfessionell gebundenen Schule (z. B. katholische Privatschule) unterrichten. Dann ist Ihre Teilnahme am Weihnachtsgottesdienst und anderen vergleichbaren Veranstaltungen selbstverständlich verpflichtend.

Probleme der Leistungsbewertung

Die Ergebnisse der Arbeit entsprechen leider nicht den Behördenvorgaben. Sie müssen die Arbeit noch einmal schreiben lassen.

Widmen wir uns nun dem ersten speziellen Thema mit seinen Detailfragen. Worum geht es letztlich bei der schulischen Leistungsbewertung? Um nicht weniger als die gerechte Verteilung von Lebenschancen. Derjenige, der sich anstrengt und gute Leistungen erbringt, soll bessere Chancen haben als derjenige, der sich nicht anstrengt und nur schwache Leistungen vorweist.

Obwohl die ersten Bundesländer die Nichtversetzung abgeschafft haben, ändert dies nichts am Ergebnis zum Ende der Schulzeit: Diejenigen mit guten Noten haben in der Regel bessere berufliche Chancen als diejenigen mit schlechten Zensuren. Aus diesem Grund müssen die Noten gerecht sein und sich an der erbrachten Schülerleistung bzw. ihrer Leistungsbereitschaft orientieren.

16. Kann ich von meinen Schülern fordern, in der Klassenarbeit deutlich zu schreiben?

Wie oft habe ich diese klagende Frage in den vergangenen fünf Jahren schon gehört! Anfangs tauchte sie nur ab und zu auf, in letzter Zeit wird sie mir regelmäßig gestellt, und zwar nicht nur von einem, sondern von vielen Kollegen. Es scheint sich also um ein ernstes Problem zu handeln. Einige Schüler schreiben in einer Weise, die es manchmal unmöglich macht, die einzelnen Buchstaben eindeutig zu erkennen. Dadurch kann die Lehrkraft nicht beurteilen, ob das betreffende Wort richtig oder falsch geschrieben ist.

Die undeutliche Schreibweise kann ihre Ursache in einem besonders schnellen Schreiben haben, ein Schüler kann sie aber ebenfalls gezielt einsetzen, um seine Schreibung mehrdeutig zu machen. Denn nun bleibt der Lehrkraft nichts anderes übrig als zu raten, welcher Buchstabe gemeint sein könnte. Wird dieser als falsch angestrichen, behauptet der Schüler, er habe natürlich den anderen (richtigen) Buchstaben gemeint, lediglich etwas undeutlich geschrieben. Es folgen nervenzehrende Auseinandersetzungen mit aufgebrachten Eltern, die sich empört dagegen wehren, die individuelle Schrift ihres Kindes zu »verbiegen«. Schließlich sei die Handschrift ja Ausdruck der jeweiligen Persönlichkeit.

Ich bin mir nicht sicher, ob die Eltern durchdacht haben, was sie damit über die Persönlichkeit ihres Kindes sagen. Aber als Folge solcher unerfreulichen Diskussionen geben viele Kollegen auf, nehmen im Zweifelsfall die richtige Schreibweise an – und sparen sich dadurch mühevolle Korrekturen.

Falls Sie der unleserlichen Handschrift nicht Vorschub leisten wollen, dürfen Sie von Ihren Schülern bei schriftlichen

Lernkontrollen (und Hausaufgaben) eine eindeutige Schrift fordern. Außerhalb der Schule kann jeder undeutlich schreiben, aber bei Schriftstücken, die der Leistungsbewertung dienen, müssen alle Buchstaben eindeutig erkennbar sein. Dabei spielt es überhaupt keine Rolle, welche Schrift genutzt werden. Egal, ob es sich um die lateinische Schrift, die Schreibschrift, die vereinfachte Ausgangsschrift oder die Druckschrift (Grundschrift) handelt: Jeder Buchstabe besitzt – in allen Schriften gleichermaßen – **bestimmte Merkmale**: Ein m hat oben mehr Bögen als ein n, beim u ist der Bogen unten, beim n ist er oben, und ein l ist deutlich höher als ein e.

Die zurzeit stark propagierte Druckschrift verursacht leider ein zusätzliches Problem, weil die Schüler die Abstände zwischen den Buchstaben so wählen können, dass unklar ist, ob ein Wort tatsächlich zusammen geschrieben ist (zusammenschlagen) oder ob es zwei getrennte Wörter sein sollen (zusammen schlagen). Aber hier gilt das gleiche Prinzip: Der Abstand zwischen den Buchstaben eines Wortes hat immer deutlich kleiner zu sein als der Abstand zwischen zwei Wörtern.

Über den Rand zu schreiben, stellt ebenfalls einen Fehler dar. Zum einen ist der Rand für die Korrektur der Lehrkraft reserviert, zum anderen zeigt das Nichteinhalten des Randes, dass der Schüler ein langes Wort nicht korrekt trennen kann.

17. Welche Möglichkeit habe ich bei Schülern, die ständig ihr Sportzeug »vergessen«?

Nur wenige von Ihnen unterrichten vermutlich Sport, aber diesen bereitet das oben genannte Schülerverhalten manchmal große Schwierigkeiten. Denn Sport ist ein Unterrichtsfach, das polarisiert. Entweder man mag es sehr – oder es ist einem zutiefst unangenehm, wobei Schwimmen und Geräteturnen besonders unbeliebt sind. Wenn ein Schüler den Sportunterricht nicht mag, stellt sich ihm die Frage, wie er sich davor drücken kann. Eine Möglichkeit ist die Befreiung aus gesundheitlichen Gründen. Dafür braucht man allerdings eine Entschuldigung der Eltern oder ein ärztliches Attest. Beides ist unter Umständen nicht ohne Weiteres zu bekommen. Die deutlich einfachere Möglichkeit besteht deshalb darin, das Sportzeug zu »vergessen«. Schließlich kann man mit normaler Kleidung keinen 5 000-Meter Lauf absolvieren, mit Straßenschuhen darf man nicht in die Turnhalle, und ohne Badesachen kann man leider nicht am Schulschwimmen teilnehmen. Und so »vergessen« etliche Schüler ihre Sportsachen und drücken sich damit erfolgreich vor der aktiven Teilnahme.

Nun kommt der juristische Kommentar zu diesem Vorgehen: Jeder von uns vergisst einmal etwas, das kann Schülern ebenso passieren. Und da es sich bei ihnen um Jugendliche handelt, die andere Dinge als die Schule im Kopf haben, dürfen sie auch zweimal oder vielleicht sogar dreimal etwas vergessen. Aber dann ist Schluss. Denn wer ständig oder häufig seine Sportsachen nicht dabei hat, bei dem ist die Einlassung, er habe sie »vergessen«, **nicht mehr glaubhaft**. Hier dürfen Sie davon ausgehen, das »Vergessen« sei lediglich eine Schutzbehauptung, um eine dahinter liegende Leistungsverweigerung zu verbergen. Dass Sie nach dem dritten »Vergessen« eine Leistungsverweigerung annehmen, ist allerdings vorher anzukündigen, die Schüler dürfen davon nicht überrascht werden.

Unabhängig davon sollten Sie den chronisch »Vergesslichen« klar machen: Wer seine Sportsachen zu Hause vergisst, hat bei Ihnen natürlich **nicht frei**, sondern ist verpflichtet, am Sportunterricht – in theoretischer Form – teilzunehmen. Sollte also ein Schüler für das unbeliebte Turnen am Barren seine Sportsachen vergessen haben, dann wird er in der Turnhalle auf eine Bank gesetzt. Dort drücken Sie ihm ein Buch über das Barrenturnen in die Hand und geben ihm auf, in der ersten Stunde die Seiten 45 bis 58 gründlich durchzulesen. In der zweiten Stunde tauschen Sie das Buch gegen ein paar Zettel aus, auf denen der Schüler nun in eigenen Worten das zusammenfassen muss, was er in der ersten Stunde gelesen hat.

Das Schöne dieses Vorgehens: Das, was der Schüler in der Sportstunde schreibt, dürfen Sie bewerten und die Note in Ihre Sportzensur mit einfließen lassen. Wenn Sie das ein paarmal konsequent machen, reduziert sich die Zahl derjenigen deutlich, die ihre Sportsachen »vergessen«. Gut für Sie zu wissen: Auch die elterliche Entschuldigung oder das ärztliche Attest hebeln nur die aktive körperliche Teilnahme aus, nicht jedoch die theoretische Mitarbeit.

18. Wie ist die mündliche Mitarbeit von Schülern zu bewerten, die sich nicht melden?

Falls Sie sich für diesen Aspekt interessieren, dann gebührt Ihnen große Anerkennung. Denn Sie machen sich Gedanken über etwas, worüber die meisten Lehrkräfte nicht einmal ansatzweise nachdenken. Allerdings sollten Sie sich gut überlegen, ob Sie wirklich weiterlesen wollen. Denn gleich geht es ins Labyrinth der Leistungsbewertung, an dem viele Kollegen schnell vorbei gehen, weil sie Angst haben, sich zu verirren. Sollten Sie also zu den Mutigen gehören, dann treten Sie ein!

Sicherlich sind wir uns darüber einig, mündliche Noten nicht mehr wie in den 60er-Jahren zu bilden. Dieses Verfahren kenne ich noch schmerzhaft aus eigener Erfahrung:

Da zückte der Lehrer sein Notenbüchlein, rief zwei oder drei Schüler auf, prüfte sie mündlich und vergab für die erbrachte Leistung dann eine Note. Das war's. Die freiwillige Beteiligung während des Unterrichtsgesprächs spielte für die mündliche Note im Grunde keine Rolle.

Diese Methode ist inzwischen (fast) ausgestorben, weil man heute wie folgt denkt: Auch freiwillig erbrachte Beiträge stellen mündliche Leistungen dar und werden positiv berücksichtigt – manchmal sogar dann, wenn sie falsch sind. Der Schwerpunkt hat sich also verlagert: Es geht weniger um richtige Antworten, sondern vielmehr um eine **aktive** mündliche **Mitarbeit.**

Bevor ich Ihnen gleich drei unterschiedliche Ansätze vorstelle, die mündliche Mitarbeit zu bewerten, sollten Sie erst einmal für sich folgende Fragen klären:

1. Können Schüler von sich aus einen Beitrag zum Unterrichtsgespräch leisten, der dann positiv gewertet wird?
2. Wie bewertet man diejenigen, die sich in der Stunde nicht melden, also von sich aus nichts sagen?
3. Dürfen Lehrkräfte Schüler, die sich nicht melden, einfach drannehmen und sie etwas fragen?
4. Wie berücksichtigt man, wenn Schüler sich melden, aber aus irgendwelchen Gründen nicht zu Worte kommen?
5. In welchem Verhältnis stehen Quantität und Qualität der mündlichen Beteiligung bei der Notenbildung?
6. Ist der freiwillig erbrachte Beitrag eines Schülers höher zu werten als der von der Lehrkraft abgefragte, wenn beide die gleiche Qualität haben?
7. Müssen die Schüler zum Halbjahresende gleich viele mündliche Noten haben?

Nun also zu den drei grundsätzlichen Möglichkeiten:

Erste Variante: Gezieltes Abfragen von Schülern

Wer sich so verhält wie Lehrer in den 60er-Jahren, geht davon aus, freiwillige mündliche Beiträge von Schülern seien unerheblich und hätten deshalb keinen Anspruch, in die Note mit einzufließen. Das Einzige, was wirklich zählt, ist das Abfragen durch die Lehrkraft. Das halte ich für mehr als fragwürdig. Denn wer so vorgeht, muss erstens bis zum Ende eines Halbjahres alle Schüler etwa gleich oft prüfen. Zweitens ist das System ungerecht, weil die Unsicherheit, geprüft zu werden, bei den ersten Kandidaten sehr groß ist. Hingegen wird eine Prüfung im Laufe der Zeit immer vorhersehbarer, und die Schüler können sich entsprechend darauf vorbereiten. Drittens geht die freiwillige mündliche Beteiligung zurück, weil sie (notenmäßig) keine Rolle spielt. Denn wer als Schüler nicht auf der geheimen Prüfungsliste des Tages steht, hat keine Chance, sein Wissen in eine positive Note umzusetzen. Und viertens entspricht es nicht mehr den Vorgaben der Kultusministerien, die von einer mündlichen **Mitarbeit** sprechen, was sicher etwas anderes ist als kleine mündliche Prüfungen.

Zweite Variante: Ausschließlich freiwillige Mitarbeit

Dieses System geht davon aus: Jeder Schüler ist selbst für seine mündliche Mitarbeit verantwortlich. Und sogar schwache Schüler haben die Möglichkeit (z.B. durch Verständnisfragen), sich so am Unterricht zu beteiligen, dass dies in eine positive (oder negative) Note mündet. Für stille Schüler stellt dieses System eine große Herausforderung dar, weil sie von sich aus etwas sagen müssen und nicht darauf hoffen können, von der Lehrkraft drangenommen zu werden. Bei dieser Variante erhält jeder Schüler für jede Stunde bzw. Unterrichtseinheit, in der mündliche Mitarbeit stattfindet, eine Note. Wer sich nicht beteiligt, erhält für diese Einheit konsequenterweise eine Sechs.

Die häufig geäußerte Idee, den Schülern, die sich nicht melden, für diese Stunde **keine Note** zu geben, sondern z. B. nur einen Strich zu setzen, ist keine überzeugende Lösung. Denn dies könnte zu folgender Situation führen: Ein mündlich aktiver Schüler hat zum Halbjahresende 27 mündliche Noten (z. B. lauter Vieren), bei einem stilleren stehen hingegen nur drei Noten (aber alles Zweien!) in der Notenliste. Wie will man das rechnen? Soll der erste eine Vier bekommen und der zweite eine Zwei, obwohl er nur dreimal im Halbjahr etwas gesagt hat? Das ist kaum zu vertreten. Es geht folglich nur so, jedem Schüler für jede Stunde (Unterrichtseinheit) eine Note zu geben.

Das Problem dieses Ansatzes sind weniger die schwachen (aber selbstbewussten) als die ruhigen (zurückhaltenden) Schüler, die vermutlich viel wissen, aber zu schüchtern sind, sich zu melden. Auch so etwas gibt es. Falls Sie die Verpflichtung der Schüler, sich aktiv zu beteiligen, als zu hart empfinden, kommen Sie um eine Mischform nicht herum. Denn natürlich haben Sie als Lehrkraft das Recht, die Schüler dranzunehmen und etwas zu fragen, ohne dass diese sich melden.

Dritte Variante: Mischform

Die Mischform hat viele Vorteile, aber auch Stolpersteine. Denn entweder müssten Sie alle Schüler, die sich nicht selbstständig beteiligen, in der Stunde drannehmen – oder Sie haben am Ende der Stunde bei einigen Schülern keine Note. Das ist zu rechtfertigen, sofern Sie sicherstellen, diese Schüler in der nächsten oder spätestens übernächsten Stunde dranzunehmen, damit die Anzahl der mündlichen Noten zum Halbjahresende ungefähr gleich ist.

Damit sind wir bei der übergreifenden Frage, ob alle Schüler zum Ende des Halbjahres etwa gleich viele mündliche Noten haben müssen. Ja, denn die Noten einer Lerngruppe sollen vergleichbar sein. Wenn (wie im obigen Beispiel) ein Schüler 27 mündliche Noten pro Halbjahr erhält, ein anderer (bei gleicher Anwesenheit) aber nur drei, wäre diese Vergleichbarkeit nicht mehr gegeben. Allerdings führen Fehlzeiten (wie Krankheit) zwangsläufig dazu, dass ein Schüler für Stunden, in denen er entschuldigt fehlt, keine Note bekommt. Die Anzahl der mündlichen Noten zum Halbjahr ist also nicht völlig identisch.

Sie brauchen nicht für jede Stunde eine mündliche Note festzulegen, denn manchmal gibt es ja Stunden, in denen es kaum mündliche Beteiligung gibt. Sie könnten beispielsweise eine Note pro Monat vergeben und kämen damit auf vier mündliche Noten pro Halbjahr. Unabhängig davon sollten Sie sich einmal grundlegend damit auseinanderzusetzen, auf welcher Basis Sie eigentlich Ihre mündlichen Noten bilden. Entwickeln Sie ein in sich schlüssiges System, das Sie Schülern und Eltern gegenüber vertreten können. Und wenn Sie einmal ein spannendes Pausengespräch in Gang setzen wollen, dann stellen Sie Ihren Kollegen doch einmal die oben aufgeführten Fragen 2, 4, 6 und 7.

Sie sehen mir hoffentlich nach, dass ich Ihnen bei dieser Frage keine juristisch eindeutige Antwort geben kann. Zum einen gibt es für solche (wichtigen) Detailfragen leider keine juristischen Vorgaben, zum andern ist die Bewertung der mündlichen Mitarbeit sehr komplex. Aber ich habe Sie hoffentlich für die Problematik dieses zentralen Bereichs der Leistungsbewertung sensibilisiert.

19. Kann ich für ein zu spät abgegebenes Referat (eine zu spät abgegebene Kunstarbeit) eine Sechs geben?

Sie alle kennen wahrscheinlich das Problem: Ein Schüler soll zu einem bestimmten Termin ein Referat in schriftlicher Form abgeben und vortragen, aber der Drucker ist ausgefallen, der USB-Stick mit der Präsentation ist verloren gegangen oder der Mops hat in einem Wutanfall die Aufzeichnungen zerfetzt. In keinem Bereich sind Schüler so kreativ wie bei ihren Ausreden, um versäumte Termine zu rechtfertigen.

Bevor es gleich um die juristische Sicht des Sachverhalts geht, zuerst ein Tipp aus 30 Jahren Schulpraxis: Falls nach einem (ausgefallenen) Referat noch weitere geplant sind, sollten Sie wegen dieses Ausfalls **nie die anderen Termine nach hinten schieben**. Wer dies doch tut, erzeugt oft ein Dominoeffekt, der am Halbjahresende zu einer Katastrophe führt. Denn wenn Sie noch weitere Referate verschieben müssen – und darauf können Sie wetten – dann kommen die letzten Schüler unter Umständen nicht mehr zum Zug und sind zu Recht ungehalten.

Der bessere Weg sieht wie folgt aus: **Alle anderen Termine bleiben unverändert bestehen.** Schließlich müssen die Schüler, die fristgemäß ihr Referat fertigstellen, sich auf den ihnen zugeteilte Termin verlassen können. Deshalb wird der Schüler mit dem angeblich defekten Drucker demnächst irgendwo dazwischen gequetscht. Er hat keinen Anspruch darauf, dass Sie nun mühevoll versuchen, für ihn einen zweiten Termin freizuschaufeln.

Nun endlich zur schulrechtlichen Antwort der Frage aus der Überschrift: Wenn der Schüler in der darauffolgenden

Stunde das schriftliche Referat vorlegt und es theoretisch halten könnte, dürfen Sie ihm dafür keine Sechs geben. Schließlich hat er ja die Leistung erbracht, wenn auch drei Tage verspätet. Allerdings können Sie wegen der Verspätung **die Note senken**, und zwar mit folgender Begründung: Dieser Schüler hatte nach dem offiziellen Termin noch drei Tage mehr Zeit als die anderen, sein Referat zu überarbeiten. Das nicht zu berücksichtigen, wäre den anderen Schülern gegenüber höchst ungerecht. Oder Sie müssten allen Schülern eine Terminverlängerung ohne Notenabzug einräumen, aber das ist die deutlich ungünstigere Variante. Mein Vorschlag: Verschlechtern Sie für jeden Tag, den das Referat später abgegeben wird, die Note z. B. um eine halbe Notenstufe. Sie dürfen gerne eine andere Abstufung wählen, wenn Ihnen mein Vorschlag nicht gefällt. Auf jeden Fall müssen Sie den Schülern Ihr Vorgehen (und Ihre Begründung) vorher offenlegen.

Ich bin mir ziemlich sicher: Diejenigen, die rechtzeitig mit der Arbeit beginnen und ihren Termin einhalten, werden diese Regelung begrüßen. Und die anderen wissen bereits vorab: Für das verspätete Abgeben von Leistungen gibt es einen Notenabzug. Das oben genannte Verfahren lässt sich ebenfalls gut auf verspätet abgegebene Kunstarbeiten, Lesebilder usw. anwenden.

Aber keine Regel ohne Ausnahme: Bei wichtigen Arbeiten, z. B. Facharbeiten (Hausarbeiten) in der gymnasialen Oberstufe, ist es sogar möglich, eine schuldhaft verspätete Arbeit nicht mehr anzunehmen bzw. mit null Punkten zu bewerten. Auf dieses strenge Vorgehen ist jedoch in den Informationen zur Facharbeit vorher hinzuweisen, damit die Schüler wissen, welche Konsequenz ihnen bei einer zu spät abgegebenen Arbeit droht.

20. Wie bewerte ich eine nicht vorliegende Hausaufgabe?

Wenn ich das wieder einmal höre, dann frage ich zurück: »Was meinen Sie eigentlich mit nicht vorliegend? Meinen Sie eine Hausaufgabe, die zwar in dieser Stunde nicht vorliegt, in der nächsten Stunde aber abgegeben, also **verspätet** geliefert wird? Oder meinen Sie eine Hausaufgabe, die überhaupt nicht, also auch nicht etliche Unterrichtsstunden später, vorgelegt wird?« Juristisch ist nämlich zu unterscheiden zwischen einer verspäteten Abgabe (Variante 1) und einer Leistungsverweigerung (Variante 2).

Sollten Sie die vorangegangene Frage gelesen haben, dann ahnen Sie vermutlich schon die Antwort zur ersten Variante. Eine Hausaufgabe, sogar wenn sie deutlich verspätet abgegeben wird, stellt keine Leistungsverweigerung dar, kann folglich nicht einfach mit einer Sechs bewertet werden. Allerdings kann die verspätete Abgabe zur Absenkung der Note führen, weil der Schüler nicht nur mehr Zeit hat, sondern in der Regel (wie praktisch!), die Besprechung der Hausaufgabe in der Stunde mitbekommt. Nun in der nächsten Stunde die Hausaufgabe vorzulegen, ist demnach keine besondere Leistung mehr. Folglich können Sie diese »Hausaufgabe« nur gering werten.

Eine Leistungsverweigerung liegt vor, falls tatsächlich bis zum Ende des Halbjahres die Hausaufgabe nicht abgeliefert wird. Das kann mit einer Sechs bewertet werden. Gut für Sie zu wissen: Fehlende Hausaufgaben vorzulegen, ist eine »**Bringschuld**« der Schüler. Nicht *Sie* müssen hinterherlaufen und betteln, sondern die Schüler sind verpflichtet, unaufgefordert zu bringen. Auch hierüber sollten Sie die Schüler informieren und sie dann jeweils zum Beginn des Halbjahres noch einmal daran erinnern.

21. Darf ich nachträglich eine Note verschlechtern?

Nur ganz zaghaft und meist unter vier Augen wollen einige Kollegen eine Auskunft zu diesem Thema. Das liegt daran, weil viele Lehrkräfte fälschlich glauben, sie dürften es nicht. Denn irgendwann im Ausbildungsseminar hat ihnen der Fachleiter erzählt, eine einmal gegebene Note dürfe man nicht verschlechtern. Das haben alle geglaubt, ohne es kritisch zu hinterfragen. Der Fachleiter hat aus gutem Grund das Thema nicht weiter vertieft, denn dann wäre die Angelegenheit gar nicht mehr so einfach gewesen.

Ich möchte unserem fiktiven Fachleiter einmal zwei ganz einfache Fragen stellen: Wenn eine Schule fälschlich einem Schüler einen erfolgreichen Abschluss zuspricht, weil irgendwo eine Note falsch eingetragen wurde, dies aber drei Tage später entdeckt – kann sie das dann wirklich nicht mehr rückgängig machen? Oder etwas persönlicher: Wenn Ihnen die Bezügestelle irrtümlich zu viel Gehalt überweist, dies aber eine Woche später merkt – kann sie das dann nicht zurückfordern? Was wird der Fachleiter vermutlich antworten? »Tja, in solchen Fällen darf eine falsche Entscheidung natürlich korrigiert werden.« Na bitte, so einfach ist es eben doch nicht.

Jede Behörde darf begünstigende Entscheidungen, die rechtswidrig (irrtümlich falsch) zustande gekommen sind, innerhalb bestimmter Fristen (oft ein Jahr) zurücknehmen. Allerdings entsteht **im Laufe der Zeit** ein Vertrauensschutz für den Betroffenen. Wer sich also mit dem falschen Abschlusszeugnis beworben und erfolgreich eine Ausbildung absolviert hat, dem kann man dies nicht mehr aberkennen, weil die Schule sich vor fünf Jahren geirrt hat. Und wenn Sie das zu viel überwiesene Geld längst ausgegeben haben, kann die Bezügestelle es nicht fünf Jahre später zurückfordern. So, nach diesen grundsätzlichen Überlegungen geht es jetzt in die Schule, und zwar zu drei unterschiedlichen Fällen:

1. Sie haben einer Schülerin in einer Klassenarbeit eine Drei gegeben. Einige Tage später sitzen Sie am Schreibtisch und haben das dunkle Gefühl, die Note würde nicht stimmen. Sie nehmen Ihre Unterlagen raus, schauen noch einmal genau nach und stellen fest, dass Sie sich verrechnet haben. Es ist gar keine Drei, sondern eine Vier. Dann dürften Sie die Note ändern, weil Sie es **selbst bemerkt** haben.
2. Anders ist die Lage, wenn eine Schülerin ihre Klassenarbeit zeigt (Note »Drei«) und Sie darauf hinweist, Sie hätten bei ihr ein paar Fehler übersehen. Tatsächlich hat die Schülerin Recht. Würden Sie diese Fehler mit einbeziehen, dann würde aus der Drei eine Vier. Juristisch hätten Sie hier ebenfalls die **Möglichkeit**, die Note zu verschlechtern. Pädagogisch wäre das eine Katastrophe, weil Sie die **Ehrlichkeit der Schülerin** »bestrafen« würden. Also können Sie, das ist Ihr pädagogisches Ermessen, bei der Drei bleiben.
3. Noch anders ist die Situation, falls ein Schüler sich zu schlecht benotet fühlt (knappe Vier) und um die nochmalige **Überprüfung seiner Arbeit bittet**. Sie sind ungehalten über den zusätzlichen Aufwand, schauen sich die Arbeit jetzt ganz genau an und entdecken noch weitere Fehler, die sogar eine Fünf rechtfertigen würden. Diese Fünf dürfen Sie jedoch nicht geben, weil hier das sogenannte **Verschlechterungsverbot** (reformatio in peius) greift. Die juristische Begründung: Wir leben in einem Rechtsstaat, in dem jeder das Recht hat, für ihn unangenehme Entscheidungen nochmal überprüfen zu lassen. Und die Inanspruchnahme dieses Rechts soll nicht »bestraft« werden, indem der Betreffende hinterher schlechter gestellt ist als vorher.

Ich weiß, die drei Varianten und ihre Antworten sind etwas komplizierter als die pauschale Aussage des Fachleiters, aber dafür stimmen sie.

22. Kann ich vor Klassenarbeiten die Handys der Schüler einziehen?

Da die erlaubte und unerlaubte Nutzung von Handys (Smartphones) inzwischen die pädagogische Schmerzgrenze erreicht hat, gehört diese Frage zu den Klassikern meiner Fortbildungen. Und ich sehe freudig glänzende Augen, wenn ich sage: »Ja, Sie dürfen die Handys einziehen.« Allerdings folgt schnell die große Ernüchterung, sobald ich meine Antwort präzisiere und von dem Ja kaum noch etwas übrig bleibt.

Ja, Sie dürfen die Handys einziehen, aber ...

1. Wer sagt Ihnen denn, dass die Schüler wirklich ihr aktuelles Handy abgeben und nicht das Zweit- oder Dritthandy, das sonst zu Hause irgendwo nutzlos herumliegt? So dumm ist doch kein Schüler, dass er nicht auf diese einfache Möglichkeit kommt, einerseits Sie in Sicherheit zu wiegen, andererseits mit seinem neuen Smartphone auf der Toilette ins Internet zu gehen.
2. Sobald Sie von Schülern Handys einziehen, sind *Sie* für deren sichere Aufbewahrung verantwortlich. Damit meine ich hier nicht etwaige Beschädigungen, die man Ihnen hinterher anlastet (vgl. Frage 79). Viel unangenehmer könnte folgende Situation werden: Sie lassen die Handys auf Ihrem Lehrertisch in einen Korb legen. Die Schüler schreiben die Klassenarbeit. Wer damit fertig ist, kommt zu Ihrem Tisch, legt seine Klassenarbeit dort ab, nimmt sich ein Handy aus dem Korb und verlässt den Klassenraum. Alles soweit richtig? Na gut, dann machen wir mal weiter.

Ein Schüler nutzt die Zeit für die Klassenarbeit bis zur letzten Minute. Er tritt als Letzter an Ihren Tisch, streckt seine Hand erwartungsvoll zum Korb – und bekommt einen Wutanfall. Sein neues, teures Smartphone ist weg! Stattdessen liegt nur noch ein altes, billiges Handy im Korb. Jetzt haben Sie ein Problem, weil *Sie* für die sichere Aufbewahrung der Handys verantwortlich sind. Sie müssten also nicht nur die Geräte einsammeln, sondern sich ein System ausdenken, bei dem sichergestellt ist, dass jeder Schüler tatsächlich *sein* Handy wiederbekommt. Das ist möglich, allerdings recht umständlich. Und selbst wenn Sie das organisieren, wissen Sie immer noch nicht, ob die Schüler Ihnen das aktuelle Smartphone geben.

Um wirksam zu verhindern, dass Schüler mit ihrem Handy auf der Toilette ins Internet gehen, gibt es nur ein Mittel: Einen Störsender (Handy-Blocker, ca. 200 Euro), aber der ist ohne Genehmigung (Bundesnetzagentur) verboten, daher schlage ich Ihnen diesen Weg natürlich *nicht* vor. Allerdings wird sich ein Schüler wohl kaum darüber beschweren, dass es während der Klassenarbeiten auf der Toilette keinen Internetzugang gibt.

23. Ist es zulässig, Schülern zu verbieten, ihre Klassenarbeiten mit nach Hause zu nehmen?

Sofern Sie bereits ein paar Jahre in der Schule tätig sind, wissen Sie natürlich, aus welcher Situation diese Frage resultiert. In den meisten Bundesländern (Ausnahmen z. B. NRW) sind die Klassenarbeitshefte zum Ende des Schuljahres einzusammeln und als Dokumente der Leistungsbewertung zu archivieren. Das ist ausgesprochen mühselig, weil einige Schüler etliche Male angesprochen und ermahnt werden müssen, doch bitte endlich das Heft wieder mitzubringen und abzugeben. Trotz der flehenden Bitten der Lehrkraft geben manche dickfellige Schüler ihr Heft einfach nicht ab. Das ist der erste Grund für die Frage aus der Überschrift.

Der zweite liegt in der Befürchtung, die (mühsam entworfene) Klassenarbeit werde kopiert, unter Schülern weitergereicht und sei somit für die nächsten Jahre »verbrannt«. Das ist besonders ärgerlich, wenn Sie eine richtig schöne Klassenarbeit entwickelt haben, die das Thema optimal abdeckt und die Sie am liebsten jedes Jahr wieder schreiben lassen möchten.

Diesen Wunsch kann ich Ihnen juristisch nicht erfüllen, weil Schüler und Eltern einen Anspruch darauf haben, sich intensiv mit der Arbeit auseinanderzusetzen. Es reicht deshalb nicht aus, die Schüler nur in der Stunde der Rückgabe der Arbeiten in ihr Heft schauen zu lassen. Schließlich dürfen nicht nur die Eltern sich die Arbeit gründlich ansehen, auch ein Nachhilfelehrer hat das Recht, die Arbeit in Ruhe gründlich zu analysieren, bevor er sich mit dem Schüler daran macht, die Fehlerquellen zu beseitigen.

Von Eltern und Nachhilfelehrer zu verlangen, dafür extra zur Schule zu fahren, um dort die Arbeit einzusehen, wäre eine unzumutbare Erschwernis. Was können Sie tun? Sie dürften den Schülern lediglich eine Kopie der Arbeit mit nach Hause geben. Das geht vor allem dann, wenn ein Schüler schon einmal sein Arbeitsheft verbummelt hat. Denn jetzt haben Sie einen sachlichen Grund, die Herausgabe der Originalarbeiten zu verweigern.

Eine andere Möglichkeit (nicht bei Abschlussarbeiten) besteht darin, die die Klassenarbeiten auf DIN-A-4-Bögen schreiben zu lassen (einseitig beschrieben) und diese dann durch einen Einzugsscanner zu jagen. Das dauert für einen Klassensatz nur etwa eine Minute und hat zwei große Vorteile: Erstens: Die Schüler können die Arbeit mit nach Hause nehmen, ohne dass Sie hinterherlaufen müssten, um sie wieder einzusammeln. Zweitens: Die Schüler können nachträglich keine Korrekturen mehr an ihrer Arbeit vornehmen und dann dreist behaupten, Sie hätten zu Unrecht etwas Richtiges als falsch angestrichen oder übersehen.

Manche Kollegen und Schulleiter reagieren auf diesen Vorschlag so, als käme er aus einem Science-Fiction-Roman. Dabei entspricht dieses Verfahren dem heutigen Stand der Technik und ist zuverlässig, denn Krankenkassen und Finanzämter verwenden es schon seit Jahren.

24. Dürfen Eltern eine von mir korrigierte Arbeit einem anderen Kollegen zur nochmaligen Überprüfung vorlegen?

Nach meiner Erfahrung sind vor allem junge Lehrkräfte von dieser unfreiwilligen »Zweitkorrektur« betroffen. Allerdings sind sie daran manchmal nicht ganz unschuldig. Dann nämlich, wenn Schüler an einen Kollegen herantreten und beiläufig fragen: »Haben Sie etwas dagegen, wenn wir die Arbeit unserem früheren Lehrer zeigen?« Das ist geschickt formuliert, denn unausgesprochen lautet die Frage: »Haben Sie bei Ihrer Benotung etwas zu verbergen?« Da der Kollege nichts zu verheimlichen hat, willigt er mit gequältem Lächeln in die Zweitkorrektur ein. Dadurch riskiert er jedoch, schon bald eine bessere Bewertung der anderen Lehrkraft präsentiert zu bekommen. Nun darf er sich rechtfertigen, warum er eine schlechtere Note als der Kollege X gegeben hat.

Ich rate von diesem (pädagogisch motivierten) Entgegenkommen ab. Die juristisch korrekte Antwort auf die verfängliche Frage »Haben Sie etwas dagegen?« wäre gewesen: »**Natürlich habe ich etwas dagegen**!« Um ein solches Begehren der Schüler (oder Eltern) abzuschmettern, brauchen Sie gewichtige Argumente. Die kommen jetzt. Fangen wir mit einer formalen Begründung an:

Wir Lehrkräfte vertrauen der Weisheit und Weitsicht unserer obersten Dienstbehörde. Die geballte Kompetenz unseres Kultusministeriums weiß besser als jede andere Person, wann welche Kontrolldichte erforderlich ist. Und so ist bei wichtigen Abschlussprüfungen bzw. Abschlussarbeiten eine Zweitkorrektur vorgesehen, manchmal sogar noch eine weitere Überprüfung. Das ist für so wichtige Arbeiten, die in der Regel stärker gewichtet werden, durchaus sinnvoll.

Unter dieser Ebene gibt es Lernkontrollen, bei denen nur eine einzige Korrektur durch die jeweils zuständige Lehrkraft vorgesehen ist. Eine weitere Überprüfung ist hier nicht notwendig. Es gibt überhaupt keinen Grund – abweichend von der Vorgabe des Kultusministeriums – mehrere Korrekturvorgänge durchzuführen. Hätte das Ministerium diese Variante gewollt, so hätte es sie sicher festgeschrieben oder zumindest die Möglichkeit erwähnt. Dann stünde in dem Erlass über schriftliche Arbeiten: »Schüler und Eltern können die von einer Lehrkraft korrigierte Klassenarbeit noch vier weiteren Lehrkräften vorlegen, damit auch die ihre Meinung dazu abgeben. Und hinterher wird abgestimmt.« Aber ich glaube, das steht nirgendwo. Damit ist das Thema durch.

Nun das inhaltliche Argument: Die Grundlage jeder Klassenarbeit ist der **vorausgegangene Unterricht**. Denn eine Arbeit ist im Kern nichts anderes als die schriftliche – allerdings verkürzte – Spiegelung der besprochenen Inhalte. Diese können sehr ausführlich oder recht knapp, wiederholt oder nur einmalig behandelt worden sein. Art und Umfang der Vorbereitung kann ein Außenstehender jedoch überhaupt nicht beurteilen. Das gilt nicht nur für andere Kollegen, sondern genauso für Eltern, die zufällig ebenfalls Lehrkräfte sind. Auch sie kennen nicht den vorausgegangenen Unterricht. Und wenn diese Personen die Arbeit deutlich besser einschätzen, dann sind sie vielleicht nicht so anspruchsvoll wie Sie.

Nun das kollegiale Argument: Falls tatsächlich ein Kollege eine solche unzulässige Zweitkorrektur abgeben sollte, wäre das ein Grund für eine Beschwerde. Schließlich sind alle Lehrkräfte zur **vertrauensvollen Zusammenarbeit** verpflichtet. Und davon kann nun wirklich keine Rede sein, wenn ein Kollege hinter Ihrem Rücken eine erneute Bewertung der Arbeit vornimmt. Das ist in hohem Maße unkollegial. Was würde der Kollege wohl davon halten, wenn man seine Arbeiten einer kritischen Zweitkorrektur unterzieht? Allerdings werden hoffentlich auch Sie den Schülerwunsch nach einer solchen Zweitbewertung entschieden zurückweisen.

Eine juristisch völlig andere Situation haben wir, sobald Schüler (oder Eltern) sich offiziell über Ihre Note bei der Schulleitung beschweren. Aber diese Variante kläre ich in der nächsten Frage.

25. Können Eltern gegen eine Fünf in der Klassenarbeit klagen?

Nein, das können sie nicht. Immer wieder berichten mir Lehrkräfte davon, wie Eltern (meist erfolgreich) gegen eine von ihnen korrigierte Klassenarbeit »geklagt« hätten. Das kann nicht sein. Die falsche Behauptung der Kollegen beruht auf der Verwechslung zweier juristischer Begriffe, die etwas ganz Unterschiedliches meinen.

Die »harten« Rechtsmittel wie Widerspruch und **Klage** (genauer: Anfechtungsklage) sind **nur gegen Verwaltungsakte** zulässig. Und eine Klassenarbeit ist keiner, weil dafür ein wesentliches Merkmal fehlt. Ein Verwaltungsakt (VA) ist jede

erhebliche Entscheidung, die eine Behörde in einem Einzelfall mit Rechtswirkung nach außen erlässt (so § 35 VwVfG). Am fett hervorgehobenen Wort sehen Sie, woran es fehlt, an der Erheblichkeit. Eine normale Klassenarbeit ist – im juristischen Sinne – nicht erheblich, weil sie keine Rechtswirkung entfaltet. Nicht einmal eine Zeugnisnote, mit der man einen Schüler versetzt, ist ein VA. Die Nichtversetzung wäre natürlich ein VA, aber darum geht es ja hier nicht.

Bleiben Sie also ganz entspannt, falls Schüler und Eltern Ihnen lautstark drohen, sie würden wegen der Fünf in der letzten Klassenarbeit vor Gericht ziehen und Sie verklagen. Das geht nicht, weil nur gegen erhebliche Entscheidungen die starken Rechtsmittel (Widerspruch und Klage) zulässig sind.

Wenn Sie jetzt die Sektflasche öffnen, weil Sie meinen, niemand könne Ihre Note überprüfen, dann muss ich Sie leider enttäuschen. Denn Schüler und Eltern können sich immer **beschweren**. Das ist juristisch etwas völlig anderes als die Klage, wie Sie gleich erkennen werden. Das Recht, sich zu beschweren, ist ein Grundrecht (Art. 17, Petitionsrecht), das im Kern besagt: Jeder Bürger, der mit einer Entscheidung einer Behörde nicht einverstanden ist, darf sich dagegen beschweren.

Folglich kann ein Schüler nicht gegen die Fünf in der Klassenarbeit klagen, aber er darf sich beschweren (sogenannte Notenbeschwerde). Das macht er auch. Wie geht es nun weiter? Die von Ihnen benotete Arbeit kommt zur Schulleitung, die eine **Abhilfeprüfung** durchführt. Sie werden dazu geholt, vielleicht noch die Leitung der entsprechenden Fachschaft, und dann schaut man sich die besagte Arbeit noch einmal gründlich an. Jetzt gibt es zwei Möglichkeiten: Falls Sie tatsächlich einen Fehler gemacht haben, dann wird der korrigiert und der Beschwerde ist stattgegeben. Oder man stellt fest: Sie haben fehlerlos gearbeitet. Dann wird die Beschwerde zurückgewiesen.

Falls Schüler und Eltern mit dieser Entscheidung der Schulleitung nicht einverstanden sind, können sie sich noch an die vorgesetzte Schulbehörde wenden, die Ihre Arbeit nochmals überprüft. Wenn die ebenfalls zu dem Ergebnis kommt, Ihre Note sei nicht zu beanstanden, dann ist der Fall erledigt. Also: Schüler und Eltern haben über eine **Beschwerde** immer den Anspruch auf eine **behördeninterne Überprüfung**, aber klagen können sie nur gegen Entscheidungen von erheblichem Gewicht.

Im Rahmen der Abhilfeprüfung darf die Schulleitung grundsätzlich nicht Ihre Note ändern. Das ginge nur, falls Ihnen ein ganz offensichtlicher Fehler unterlaufen wäre, indem Sie sich z. B. beim Zusammenzählen der Punkte verrechnet hätten. Ansonsten kann Ihnen die Schulleitung **vorschlagen**, die Note zu ändern, darf es aber nicht selbst tun. Dieses Recht hat allerdings die vorgesetzte Schulbehörde, weil sie nicht nur Rechts-, sondern zugleich Fachaufsicht ist. Das heißt, sie überprüft Entscheidungen der unteren Ebene nicht nur unter rechtlichen, sondern ebenso unter inhaltlichen Aspekten. Und Sie können andere Kollegen jetzt darüber aufklären, dass eine Klage (vor Gericht) nicht zu verwechseln ist mit einer (behördeninternen) Beschwerde.

26. Wie unterscheidet sich die Überprüfung der vorgesetzten Schulbehörde von der Kontrolle durch ein Gericht?

Diese Frage stellt sich Ihnen vielleicht, wenn Sie die vorangegangenen Seiten gelesen haben. Denn Sie vermuten natürlich völlig richtig, dass beide Instanzen nicht genau dasselbe überprüfen. Das wäre ja ziemlich überflüssig. Das Grundprinzip der rechtlichen Kontrolle sieht wie folgt aus: Je weiter wir

»nach oben« kommen, desto abstrakter ist die Überprüfung Ihrer Arbeit.

Damit wir aber überhaupt an ein Gericht kommen, brauchen wir mehr als eine einfache Klassenarbeit, denn die ist ja kein Verwaltungsakt. Stellen wir uns also vor, an Ihrer Schule gäbe es eine Abschlussprüfung (z. B. Abitur). Im Rahmen dieser Prüfung wurde eine Abschlussarbeit (mit höherer Gewichtung) geschrieben, die Sie korrigiert haben. Diese Arbeit war allerdings so schlecht, dass der Schüler deswegen seinen Abschluss nicht bekommen hat. Der Schüler hingegen vermutet den Grund für sein Durchfallen in einer fehlerhaften Bewertung.

Jetzt haben wir einen Verwaltungsakt, mit dem der Schüler vor Gericht ziehen könnte, allerdings nicht sofort. Denn zunächst muss er im sogenannten **Vorverfahren** (§§ 68, 69 VwGO) **Widerspruch** einlegen. Der wird zuerst von der Schule, später noch einmal von der vorgesetzten Schulbehörde geprüft. Da diese (über ihre Fachberater) zugleich die Fachaufsicht für die einzelnen Fächer darstellt, nimmt sie neben einer rechtlichen Einschätzung ebenfalls eine umfassende inhaltliche Überprüfung der von Ihnen korrigierten Abschlussarbeit vor.

Das – und nicht ein etwaiges Gericht – ist die große Hürde, die es zu überwinden gilt. Die Gerichte stehen eher auf Seiten der Lehrkräfte, aber dahin müssen Sie erst einmal kommen! Denn viele Schulbehörden entscheiden lieber schülerfreundlich, als in ein Gerichtsverfahren zu gehen, das sie Zeit und Geld kostet. Deshalb ist bei ihnen meistens Schluss. Die Behörde wird Sie im Regelfall anweisen, die Note zugunsten des Schülers zu ändern.

Aber lassen Sie uns – theoretisch – einmal annehmen, die Schulbehörde würde Ihre kritische Bewertung der Arbeit unterstützen. Der Schüler gibt sich damit nicht zufrieden und will deshalb die Angelegenheit gerichtlich klären lassen. Was würde ein Gericht jetzt noch überprüfen? Gar nicht viel, weil das Gericht die inhaltliche Überprüfung der Schulbehörde im Wesentlichen übernimmt. Es überprüft nur, ob der

- Gegenstand der Bewertung verkannt wurde,
- von falschen Tatsachen ausgegangen wurde,
- Fehler beim Bewertungsvorgang vorlagen oder
- sachfremde Erwägungen eine Rolle gespielt haben.

Ohne jetzt in die Feinheiten einer gerichtlichen Überprüfung der von Ihnen korrigierten Abschlussarbeit einzugehen, kann man sagen: Das Gericht überprüft lediglich, ob ganz offensichtliche Fehlentscheidungen bei Ihrer Bewertung vorlagen oder ob es Anzeichen dafür gibt, dass Sie dem Schüler gegenüber voreingenommen waren.

Da das Gericht Ihnen einen **Beurteilungsspielraum** einräumt, braucht Ihre Note nicht einmal hundertprozentig richtig zu sein, sie muss nur **vertretbar** sein. Ein kleiner, aber wichtiger Unterschied zu Ihren Gunsten.

27. Müssen bzw. dürfen Schüler, die vom Unterricht ausgeschlossen sind, die angesetzten Klassenarbeiten mitschreiben?

Ich war sprachlos, als mir die Frage gestellt wurde, weil ich noch nie über dieses Problem nachgedacht hatte. Aber im Schulrecht gibt es eben nichts, was es nicht doch irgendwann einmal gibt. Und natürlich kann ein Schüler zu einer Zeit vom Schulbesuch ausgeschlossen sein, in der seine Klasse eine Leistungskontrolle erbringt. Damit gibt es ein rechtliches Dilemma: Einerseits sind alle Schüler verpflichtet, diese Arbeit zu schreiben, andererseits ist der besagte Schüler aber vom Schulbesuch ausgeschlossen.

Ganz knackige Kollegen argumentieren hier, der Schüler dürfe die Klassenarbeit nicht mitschreiben. Und da er sie (durch sein Fehlverhalten) schuldhaft versäumt habe, sei dies genauso zu werten, als wenn er unentschuldigt gefehlt habe. Die Arbeit sei also mit einer Sechs zu bewerten.

Ich hoffe, Sie teilen diese schiefe Argumentation nicht. Denn die Abwesenheit des Schülers bei der Leistungskontrolle liegt ja nicht daran, dass er daran nicht teilnehmen will, sondern weil er sich nicht in der Schule aufhalten darf. Seine Nichtteilnahme ist folglich nicht vergleichbar mit der eines gezielt fehlenden Schülers, sondern die indirekte Konsequenz, in einem ganz anderen Bereich schuldhaft gehandelt zu haben. Die Entscheidung, ihm für die versäumte Arbeit eine Sechs zu geben, wäre somit eine unzulässige Doppelbestrafung.

Die weniger harten Kollegen schlagen für diese Situation vor, den Schüler die Klassenarbeit nicht mitschreiben und die versäumte Arbeit einfach wegfallen zu lassen. Der Schüler bekäme dann z. B. statt drei Zensuren nur zwei, aus denen dann die schriftliche Note gebildet wird. Das ist schon erheblich besser, allerdings immer noch nicht korrekt, wie Sie wahrscheinlich schon selbst vermuten. Denn was ist, wenn der Schüler die letzte Arbeit unbedingt mitschreiben möchte, weil seine ersten beiden Noten glatte Fünfen waren und er nun das Ergebnis mit der letzten Klassenarbeit noch in den grünen Bereich bringen will? Oder, zweite Variante: Was ist, falls der Schüler genau zwischen Vier und Fünf steht und die Lehrkraft über das Schreiben der letzten Arbeit eine Entscheidungshilfe haben möchte? Gibt es dann keine Chance für Schüler oder Lehrkraft? Doch, natürlich.

Die einzige korrekte Lösung der Situation besteht darin, den Schüler die Klassenarbeit schreiben zu lassen, sofern er es wünscht oder die Lehrkraft es für erforderlich hält.

Wie man das bei einem Schulausschluss organisiert, ist eine ganz andere Frage. Man könnte z. B. für die Zeit der Klassenarbeit den Schulausschluss aufheben und den Schüler zeitgleich in einem anderen Raum der Schule die Arbeit schreiben lassen. Da der Schulausschluss nur für die reguläre Unterrichtszeit gilt, könnte der Schüler die Arbeit auch am Nachmittag oder am Samstagvormittag schreiben. Die letzte Möglichkeit besteht darin, vom Schüler über das Thema der Klassenarbeit eine Ersatzleistung zu fordern, z. B. eine mündlich Prüfung (oder ein Referat).

28. Kann ich Nachzügler ihre Arbeit in einem Raum nachschreiben lassen, in dem gleichzeitig unterrichtet wird?

Schüler eine Klassenarbeit nachschreiben zu lassen, ist eine ausgesprochen unangenehme Situation. Wenn man die Nachzügler nicht deutlich besser stellen will als die regulär Schreibenden, ist man gezwungen, eine neue Klassenarbeit zu entwickeln oder die geschriebene zumindest deutlich zu verändern. Das ist mit einigem Aufwand verbunden. Zudem kann man mehrere Nachschreiber nicht unbeaufsichtigt zusammen in einen Raum setzen, sondern muss sie aufteilen. Bei der heutigen Raumnot an Schulen ist es jedoch fast unmöglich, mehrere leere Räume zu finden. Des Weiteren sollte man als Lehrkraft zumindest ab und zu nach diesen Schülern schauen, um sicherzugehen, dass die Schüler nicht schummeln. Dafür das Handy der Schüler einzuziehen, bringt ebenfalls nichts (vgl. Frage 22). Kurzum: Schüler eine Arbeit nachschreiben zu lassen, ist mit etlichen Problemen verbunden.

Damit kommen wir endlich zu der Frage, ob es nicht möglich ist, die Nachschreiber mit in eine Klasse zu setzen, bei der

Sie (oder ein anderer Kollege) gerade Unterricht haben. Ja, das ist möglich, aber Sie ahnen natürlich bereits die Einwände der Schüler, für die diese Möglichkeit am ungünstigsten ist. »Ich kann mich bei dem Lärm nicht konzentrieren!«, lautet das Standardargument, und es ist leider nicht von der Hand zu weisen. Folglich dürfen Sie Nachschreiber nicht einfach so in eine Klasse setzen, in der ein lebhaftes Unterrichtsgespräch geführt wird. Zulässig ist es aber, wenn dort Stillarbeit stattfindet oder eine Klassenarbeit geschrieben wird.

Wer als Lehrkraft auf alle Einwände reagieren will, der besorgt sich aus dem Baumarkt einige »Micky-Mäuse«, die korrekt »Kapselgehörschutz« heißen (ca. 15 Euro), und stellt sie den Nachschreibern zur Verfügung. Wem es jetzt zu laut ist, kann auf diesen Gehörschutz zurückgreifen, um ungestört zu arbeiten.

29. Zählen die Arbeiten von Nachzüglern bei der Quote für die Genehmigung von Klassenarbeiten eigentlich mit?

Die Frage resultiert aus der Tatsache, dass es in den meisten Bundesländern für Klassenarbeiten eine Genehmigungsgrenze (meist ein Drittel der Arbeiten) gibt. Liegt die Anzahl der schlechten Arbeiten über dieser Grenze, kann die Bewertung von der Schulleitung genehmigt werden – oder auch nicht. Und an einigen Schulen sind inzwischen Schulleitungen im Amt, die eine schlecht ausgefallene Klassenarbeit quasi nie genehmigen. Sie sehen im schlechten Ausfall einer Arbeit keinen Beleg für die mangelnde Anstrengungsbereitschaft der Schüler, sondern eher ein Versagen der Lehrkraft. Schließlich produzieren gute Lehrer gute Noten, und schlechte Noten sind ein Beweis für eine zu schwierige Arbeit. Deswegen sind die Kollegen an einigen Schulen gezwungen, schlecht ausgefallene Lernkontrollen so oft zu wiederholen, bis die Noten stimmen.

Nach diesem kritischen Einschub widmen wir uns jetzt der Frage aus der Überschrift, und zwar in einer typischen Situation: Die dritte Klassenarbeit des Jahres wurde geschrieben und korrigiert. Die Anzahl der Fünfen bei den Schülern, die regulär mitgeschrieben haben, liegt knapp unter der Genehmigungsgrenze. Allerdings müssen zwei schwache Schüler noch nachschreiben. Wenn diese beiden nun ebenfalls eine Fünf schrieben, wäre die Grenze überschritten, und die Arbeit müsste genehmigt werden. Ob der Kollege die Genehmigung seiner Schulleitung bekommt, ist jedoch mehr als unsicher.

Aus diesem Grund möchte unser Kollege nicht über die Genehmigungsgrenze rutschen und rechnet die schlechten Arbeiten der Nachzügler einfach nicht mit. Sein Argument: Da er die Klassenarbeit für die Nachzügler ja verändert habe, sei es nun nicht mehr dieselbe Arbeit. Deshalb seien die Ergebnisse der Nachzügler für eine Genehmigung nicht mitzurechnen.

Ich bin zwar grundsätzlich auf der Seite von Lehrkräften, aber dieses Argument ist wenig überzeugend.

1. Wäre es tatsächlich eine völlig andere Arbeit, wäre sie mit der Klassenarbeit der Mitschüler nicht mehr vergleichbar und damit unzulässig.
2. Ich frage mich, wo die Noten der Nachzügler im Notenbuch eingetragen werden. Kommen sie in eine Extraspalte oder in dieselbe Spalte, wo die Noten der anderen Schüler stehen? Sollte die zweite Variante vorliegen, darf man doch annehmen, dass es sich um die gleiche Arbeit handelt, selbst wenn die Aufgabenstellung etwas verändert wurde. Denn sie stellt für unsere beiden Nachzügler ebenfalls die dritte Klassenarbeit des Jahres dar.

3. Wäre die Leistungskontrolle der beiden Nachzügler tatsächlich eine andere Arbeit, müsste diese bereits zur Genehmigung vorgelegt werden, sobald einer der beiden (das wären 50 Prozent) eine Fünf geschrieben hätte. Und falls beide eine Fünf schrieben, lägen bei dieser Arbeit 100 Prozent der Schüler unter dem Strich! Einen solch katastrophalen Ausfall würde kein Schulleiter genehmigen. Fazit: Wie man es auch dreht und wendet. Die scheinbar geschickte Argumentation der »anderen Arbeit« bringt leider nichts.

Die Noten der Nachzügler müssen zu den anderen Ergebnissen hinzugerechnet werden, und für die Arbeit ist notfalls nachträglich eine Genehmigung zu beantragen. Wenn Sie fast sicher sind, diese nicht zu bekommen, sollten Sie Ihre Noten so verteilen, dass auch zwei mögliche Fünfen der Nachzügler schon mit eingerechnet sind.

30. Bis wann bin ich als Lehrkraft verpflichtet, Entschuldigungen und Atteste anzunehmen?

Fragen Sie diesbezüglich einmal Ihre vorgesetzte Schulbehörde, und ich vermute, Sie werden keine klare Antwort bekommen. Deshalb taucht die Frage nicht nur auf jeder meiner Fortbildungen auf, sondern wird gleichfalls hier beantwortet. Zunächst einmal sind zwei Dinge zu unterscheiden, die häufig verwechselt werden: Die schlichte Benachrichtigung über das Fehlen (Krank*meldung*) und die Krank*schreibung*, worunter auch die Entschuldigung der Eltern fällt.

Sobald abzusehen ist, dass ein Schüler fehlen wird, ist die Schule **unverzüglich** zu **benachrichtigen**. Der Begriff »unverzüglich« bedeutet juristisch »ohne schuldhaftes Zögern«, volkstümlich könnte man das mit »so schnell wie möglich« übersetzen. Falls es andere dringende Dinge gibt, dürfen diese vorher noch erledigen werden, aber danach ist die Schule zu benachrichtigen. Das geschieht in der Regel im Laufe des Vormittags.

Wie diese Meldung zu erfolgen hat, ist nicht festgelegt. Das kann eine E-Mail, aber ebenso ein Anruf im Schulsekretariat sein. Ob und wie die Benachrichtigung an Sie als Lehrkraft weitergeleitet wird, ist eine schulinterne Angelegenheit und damit kein Problem der Eltern.

Nun kommen wir zu Informationen, die einen akzeptablen Grund für das Fehlen liefern, damit dieses entschuldigt ist und nicht zu Lasten des Schülers geht. Diese Entschuldigung kann eine schriftliche Erklärung der Eltern (der volljährigen Schüler) oder ein ärztliches Attest sein, das eine kurze oder längere Krankheit bescheinigt (Krankschreibung). In beiden Fällen haben Lehrkräfte keinen Anspruch darauf, den genauen Grund des Fehlens zu erfahren.

In bestimmten Punkten werden Schüler ähnlich wie Arbeitnehmer behandelt. Die müssen, sobald eine Krankheit länger als drei Tage dauert, spätestens am darauffolgenden Tag (also am vierten) die Krankschreibung vorlegen. Versäumen Arbeitnehmer diese Frist, gibt es zuerst eine Abmahnung. Sollte bei der nächsten Erkrankung die Frist wieder nicht eingehalten werden, droht dem Arbeitnehmer eine Kündigung.

Für Schüler gilt in fast allen Bundesländern, dass die Entschuldigung (das Attest) spätestens am dritten Tag der Schule vorzulegen ist. Allerdings handelt es sich bei diesen drei Tagen um eine weichere **Ordnungsfrist**. Das bedeutet: Selbst wenn der Schüler die Entschuldigung am vierten oder fünften Tag kommt, hätte die Schule sie noch zu akzeptieren. Eine

Schule braucht jedoch nicht Entschuldigungen oder Atteste anzunehmen, die erst Wochen oder gar Monate später vorgelegt werden, so z. B. das Urteil des VG Berlin vom 28. August 1987.

Allerdings darf ich Ihnen nicht verschweigen: Es gibt extrem schülerfreundliche Schulbehörden, die ihre Schulen anweisen, Entschuldigungen und Atteste sogar noch Monate später anzunehmen.

Falls das auch auf Ihren Schulbezirk zutrifft, sollte man Schülern und Eltern gegenüber nicht so tun, als hätte die rechtlich festgeschriebene Drei-Tage-Frist irgendeine Bedeutung. Man sollte transparent handeln und den Schülern offen sagen, diese Frist sei nur ein unverbindlicher Vorschlag und Entschuldigungen könnten jederzeit abgegeben werden. Obwohl einige Schulbehörden genau diesen Standpunkt vertreten, bekommen Sie das aber natürlich nicht schriftlich.

31. Ab welcher Fehlquote ist die Bewertung eines Schülers nicht mehr möglich?

Sobald sich ein Schulhalbjahr dem Ende nähert, taucht diese Frage verstärkt auf. Denn dann sitzen die Kollegen und rechnen nicht nur die Leistungskontrollen, sondern ebenso die Fehlzeiten der Schüler zusammen. Dabei sind die *un*entschuldigten Fehltage das geringere Problem, weil für diese Zeiten die mündliche Mitarbeit mit einer Sechs bzw. null Punkten gewertet wird.

Komplizierter sind die entschuldigten Tage, wenn ihre Anzahl so hoch ist, dass ein Schüler nur noch etwa die Hälfte der Unterrichtszeit anwesend war. Denn nun stellt sich die Frage, bei welcher Fehlquote die Leistungen dieses Schülers nicht mehr zu bewerten sind. Einige Kollegen behaupten, sie hätten einmal etwas von einer 50-Prozent-Grenze gehört. Sobald die überschritten sei, dürfe man die verbliebenen Leistungen als nicht mehr bewertbar einstufen.

Ich habe dieses Gerücht schon mehrfach gehört, aber trotz angestrengten Suchens keine entsprechende Regelung gefunden. Und sogar mein Angebot, demjenigen eine Flasche ordentlichen Sekts zu schicken, der mir diese mysteriöse 50-Prozent-Grenze schwarz auf weiß zeigt, brauchte ich noch nie einzulösen.

Aber wir finden gleich gemeinsam eine vernünftige, juristisch belastbare Grenze. Dazu lassen Sie uns bitte folgende Situation annehmen: Sie haben in Ihrer Klasse ein braves, fleißiges Mädchen, das plötzlich schwer erkrankt und für lange Zeit im Krankenhaus liegt. Als sie wieder in die Schule kommt, schreibt sie die letzte Klassenarbeit mit, und zwar mit einem ganz respektablen Ergebnis. Wenn Sie allerdings ihre Fehltage zusammenzählen, dann hat sie 60 Prozent der Unterrichtszeit versäumt. Wären Sie in der Lage, die Leistungen dieses Mädchens zu beurteilen oder würden Sie sagen, die Leistungen seien bei 40 Prozent nicht mehr bewertbar?

Da wir unter uns sind, können wir ganz ehrlich sei: Die meisten Lehrkräfte (mich eingeschlossen) hätten in diesem Fall kein Problem damit, dem braven Mädchen noch eine Note zu geben. Bei einem schlitzohrigen Schüler hingegen, an dessen Entschuldigungen man Zweifel hegt, legen wir die Latte der geforderten Anwesenheit höher. Das ist zwar menschlich verständlich, juristisch jedoch nicht haltbar. Das heißt, eine 50-Prozent-Grenze ist nach objektiven Kriterien nicht zu vertreten, und ich kann mir keine vorgesetzte Schulbehörde vorstellen, die eine solche Entscheidung absegnen würde.

Damit wir die Grenze der **objektiven** Nichtbewertbarkeit finden, müssten Sie sich fragen, bei welcher Quote der Anwesenheit Sie sogar das bravste und fleißigste Mädchen nicht mehr bewerten würden, weil die Grundlage dafür einfach viel zu gering ist. Ich habe mir im stillen Kämmerlein einmal diese Frage gestellt und bin – ganz subjektiv – auf etwa 20 bis 25 Prozent gekommen. Ihnen hier nicht eine eindeutige Zahl, sondern zwei zu nennen, ist keine Unentschlossenheit. Es hängt damit zusammen, dass man nicht einfach nur die Tage der Anwesenheit zusammenzählen kann. Sobald eine schriftliche Leistungskontrolle vorliegt, kann die Anwesenheit geringer sein, als wenn die Note ausschließlich über die mündliche Mitarbeit gebildet werden muss.

Da Sie heute fast immer damit rechnen dürfen, dass Schüler bzw. deren Eltern belastende Entscheidungen anfechten, sollten Sie auf jeden Fall rechtzeitig eine Warnung verschicken, dass bei einem weiteren Fehlen des Schülers die Leistung nicht mehr bewertbar ist. Falls Sie die Befürchtung hegen, Schüler bzw. Eltern würden behaupten, sie hätten dieses Schreiben nie bekommen, empfiehlt es sich, diese Information als Einschreiben mit Rückschein zu senden. Sobald die Warnung zugestellt wurde, bekommen Sie darüber einen beweiskräftigen Beleg.

32. Muss ich kurz vor dem Schuljahresende angebotene Leistungen von Schülern (z. B. Referate) noch akzeptieren?

Ein klares Nein. Gegen Ende des Schuljahres taucht diese Frage ebenfalls häufig auf, denn auch Sie kennen vermutlich folgendes Szenario: Ein Schüler hat während des gesamte Schuljahres so gut wie nichts getan. Erst in dem Moment, als man ihm mitteilt, er müsse mit einer Fünf auf dem Zeugnis rechnen, wird er aktiv. Er bietet der betreffenden Lehrkraft eine freiwillige Zusatzleistung an, häufig ein Referat, das seine schwache Note in den Viererbereich katapultieren soll. Fast alle Kollegen nehmen widerstrebend solche Zusatzleistungen an, weil sie unsicher sind, ob sie diese auch ablehnen dürften.

Sie *können* die Zusatzleistung akzeptieren, falls Sie der Meinung sind, ein gutes Referat zum Schluss rechtfertige eine Vier als Gesamtnote. Allerdings dürfen Sie ein solches Angebot durchaus ablehnen. Ich weiß, etliche Kollegen tun sich schwer damit, derartige Vorschläge abzulehnen, weil sie eine plötzlich erwachte Leistungsbereitschaft des Schülers zu belegen scheinen. Das kann man so sehen – oder auch nicht. Es könnte nämlich ebenso nur ein geschickter Trick sein, mit einem kleinen punktuellen Arbeitseinsatz doch noch eine passable Note für das gesamte Jahr zu erhalten.

Falls Sie solche »Last-minute-Arbeiter« nicht unterstützen wollen, sollten Sie wissen: Das Kultusministerium legt Anzahl und Art von schriftlichen Klassenarbeiten, also wichtigen Lernkontrollen, fest. Auf der Ebene darunter hat jede **Lehrkraft** das Recht, weitere Leistungskontrollen (z. B. Tests) durchzuführen, sofern sie dies für sinnvoll hält. Dass jedoch die Schüler einen Anspruch darauf hätten, jederzeit Leistungen ihrer Wahl einzubringen, ist in den rechtlichen Vorgaben nicht vorgesehen.

Folglich brauchen Sie ein solches Angebot kurz vor der Versetzungskonferenz nicht mehr anzunehmen, weil die Schulpflicht eine **durchgängige** Mitwirkung der Schüler fordert. Diese können sich daher nicht aussuchen, ob sie sich regelmäßig am Unterricht beteiligen oder lieber untätig bleiben und stattdessen kurz vor den Zeugnissen eine ihnen genehme Zusatzleistung anbieten.

Sie dürfen ein solches Angebot ebenfalls immer dann ablehnen, wenn die schlechte Note bereits so sicher ist (»Betonfünf«), dass selbst eine gute Zusatzleistung daran nichts mehr ändern würde.

Mein Tipp: Wenn Sie Angebote für Zusatzleistungen auf den letzten Metern des Schuljahres vermeiden wollen, sollten Sie präventiv tätig werden. Fragen Sie gleich nach den Osterferien, wer z. B. noch ein Referat halten möchte, um seine Note zu verbessern. Erklären Sie, dass Sie diese Referate sinnvoll in Ihren Unterricht einbauen wollen und es deshalb nicht akzeptieren, auf die Schnelle irgendetwas Gedrucktes in die Hand zu bekommen. Sagen Sie Ihren Schülern ebenfalls deutlich, Sie würden nach dem Termin x (z. B. vier Wochen vor den Zeugniskonferenzen) keine Referate oder andere Zusatzleistungen mehr annehmen. Am besten schreiben Sie diese »Deadline« groß an die Tafel und lassen die Schüler diesen Termin in ihr Heft schreiben. Dann haben Sie alles getan, was Sie tun konnten, um den Wunsch nach Zusatzleistungen auf den letzten Metern mit voller Berechtigung zurückzuweisen.

33. Kann man Schülern, die nicht gewarnt wurden, die Versetzung verwehren?

Alle Lehrkräfte, die in Bundesländern unterrichten, in denen es grundsätzlich kein Sitzenbleiben mehr gibt (Hamburg, Bremen, Berlin) überschlagen bitte diese Frage. Für die anderen ist es gut zu wissen, wie eine solche Situation rechtlich gelöst wird.

Es passiert nicht oft, aber es passiert, und zwar dann (seltene Variante), wenn der Klassenlehrer nicht aufpasst. Dieser ist nämlich in der Regel dafür verantwortlich, sich mit den Kollegen der anderen Fächer in Verbindung zu setzen, um zu schauen, ob irgendwo eine Fünf droht. Es passiert ebenfalls (häufigere Variante), wenn gutmütige Lehrkräfte das ganze Jahr über nur Vieren verteilen und sich bei den Warnungskonferenzen dezent zurückhalten. Aus diesem Grund sieht der Klassenlehrer keine Veranlassung, eine Warnung an die Eltern zu verschicken. Die Eltern fragen natürlich nicht nach, sondern freuen sich, weil ganz offensichtlich kein Sitzenbleiben droht.

Nun kommt der Tag, an dem die Zeugnisnoten in die entsprechenden Listen eingetragen werden, und auf einmal stehen dort drei Fünfen. Oder noch schlimmer: In der laufenden Zeugniskonferenz macht ein Kollege (Physik und Chemie) geltend, er habe sich geirrt, seine beiden Noten seien gar keine Vieren, sondern glatte Fünfen. Damit stehen auf einmal drei Fünfen auf der Liste. Sie meinen, das sei eine erfundene Situation? Keineswegs. Die älteren Lehrkräfte werden mir zustimmen, den jüngeren sage ich: Warten Sie einfach mal ein paar Jahre ab.

Wir lassen die Frage, wie belastbar diese Fünfen tatsächlich sind, einmal unbeachtet und nehmen die Noten ernst. Das ist ein Zeugnis, mit dem nicht versetzt werden kann. Aber da versäumt wurde, die Eltern zu warnen, argumentieren diese wie folgt: »Wenn wir gewusst hätten, dass die Versetzung gefährdet ist, hätten wir natürlich etwas dagegen unternommen.« Man weiß nicht, ob das stimmt, aber es ist nicht von der Hand zu weisen. Also, wie löst man dieses Dilemma? Einige Schulleiter folgen der Argumentation der Eltern und behaupten, in einer solchen Situation sei der Schüler zu versetzen, weil die Warnung versäumt wurde. Hier irren die Schulleiter: Der Schüler wird **nicht versetzt**. Und ich hoffe, Sie verstehen die juristische Begründung dafür: Wir haben es mit zwei unterschiedlichen Sachverhalten zu tun, die getrennt behandelt werden.

Der erste ist die Frage der Nichtversetzung. Bei einem Zeugnis mit vier Fünfen ist (in den meisten Ländern) eine Versetzung unmöglich. Da die entsprechenden Versetzungsordnungen »**zwingendes Recht**« darstellen, wäre es ein eklatanter Verstoß, trotzdem zu versetzen. Falls also in der Verordnung die Möglichkeit einer Versetzung mit vier Fünfen nicht vorgesehen ist, dann ist sie ausgeschlossen. Zudem entscheidet allein das Notenbild des Schülers über die Versetzung. Dabei zählt der **objektiv erreichte** Leistungsstand und nicht ein fiktiver, der vielleicht über eine Nachhilfe zu erreichen gewesen wäre. Aus der versäumten Warnung folgt somit kein Anspruch auf eine Versetzung.

Davon zu trennen ist der zweite Punkt, die fehlende Aufmerksamkeit des Klassenlehrers oder die Nachlässigkeit der Fachlehrer, die schuldhaft ihre Fünfen nicht rechtzeitig bekannt gegeben haben. Ein solches Versäumnis stellt eine Dienstpflichtverletzung dar, die in der Personalakte vermerkt werden kann. Ebenso wäre eine disziplinarische Ermahnung möglich.

Eine Ergänzung erscheint mir noch sinnvoll: In fast allen Bundesländern besteht die Möglichkeit, gefährdete Schüler **noch sehr spät** zu warnen. In der Regel liegt diese letzte Frist bei sechs (oder sogar vier!) Wochen vor dem Ende des Schuljahres. Bis zu diesem Zeitpunkt sollte eigentlich jeder Lehrkraft klar sein, ob die Gefahr einer Fünf droht. Und in diesem Fall ist es besser, vorher zu warnen, als in der Konferenz – vor Schüler- und Elternvertretern – die Note zu ändern.

Aufsichtspflicht und Haftung

Könnten wir den nicht als Aufsicht einstellen?

In keinem Bereich bestehen so viele Unsicherheiten wie bei der Aufsichtspflicht. Das ist verständlich, weil die Folgen etwaiger Verstöße wirklich schwerwiegend sein können. Eine falsche Note im Nachhinein zu korrigieren, ist kein großes Problem. Aber wenn z. B. ein Schüler durch einen Schneeball auf dem Pausenhof erblindet, dann lässt sich das nicht mehr zurückdrehen. Weil die Kollegen befürchten, in solchen Fällen zu haften, tauchen in meinen Fortbildungen zu diesem Thema die meisten Fragen auf, von denen ich die wichtigsten hier beantworte.

Da von der immer wiederkehrenden Frage, ob bei Verstößen gegen die Aufsichtspflicht eine **grobe** (bewusste) oder **leichte** (unbewusste) **Fahrlässigkeit** vorliegt, möchte ich diesen Punkt hier einmal kurz klären. Ich erlaube mir, eine vorsätzliche Verletzung der Aufsichtspflicht bei Ihnen auszuschließen. Denn Sie wissen natürlich: Bei vorsätzlichen Verstößen zahlt keine Versicherung der Welt.

Nun also: **Grobe** (bewusste) **Fahrlässigkeit** liegt vor, wenn jemand den Gedanken »Es wird schon nichts passieren!« im Kopf hat. Das ist ein recht starkes Verschulden, weil der Betreffende ja die drohende Gefahr sieht, trotzdem aber nichts dagegen unternimmt, sondern einfach nur auf sein Glück vertraut. Bei dieser Stufe der Schuld zahlt grundsätzlich eine Amtshaftpflichtversicherung, die Sie hoffentlich haben.

Leichte (unbewusste) **Fahrlässigkeit** liegt vor, falls jemand eine Gefahr nicht erkennt, die dann zu einem Schaden führt. Bei einer späteren Betrachtung käme man jedoch zu der Einschätzung, der Betreffende hätte die Gefahr erkennen *können*, sofern er vorher nur gründlich genug darüber nachgedacht hätte. Referendare und Junglehrkräfte haben hier in den ersten Jahren aufgrund der fehlenden Erfahrung vielleicht noch etwas »Welpenschutz«, danach ist allerdings Schluss.

Bei dieser geringen Stufe der Schuld würde der Dienstherr den Schaden für Sie zahlen (sogenannte Amtshaftung). Aber: Die Entscheidung, ob grobe oder leichte Fahrlässigkeit vorliegt, treffen nicht Sie, sondern die vorgesetzte Schulbehörde oder ein Gericht. Wer Genaueres über die einzelnen Stufen der Schuld wissen möchte, findet in meinem Standardwerk zum Schulrecht (»SchulRecht! Aus der Praxis – für die Praxis«) mehr dazu. Da widme ich diesem wichtigen Thema fast fünf Seiten.

34. Darf ich meine Lerngruppe aufteilen und an verschiedenen Orten arbeiten lassen?

Das hängt wesentlich davon ab, an welcher Schulform und welches Fach Sie unterrichten. Deshalb gibt es nicht die eine

Antwort für alle Schulformen und Fächer, sondern ich muss differenzieren.

Die Intensität der Beaufsichtigung hängt ab von:

1. der Reife der Schüler,
2. der Übersichtlichkeit des Aufsichtsbereichs,
3. der Gefährlichkeit der Tätigkeit.

Zu 1: Wird nach einem Schaden gerichtlich überprüft, ob die durchgeführte Aufsicht ausreichend war, dient als Kriterium weniger das Alter der Schüler als vielmehr deren **Reife**. Es geht dabei um die Frage, in welchem Maße die Schüler verständig sind und sich an Regeln halten, wie zuverlässig sie also die Anweisungen der zuständigen Lehrkraft befolgen. Zwar hängen Alter und Reife in vielen Fällen zusammen, aber nicht immer. Denn unter Umständen ist eine 5. Klasse vernünftiger (reifer) als eine 8. Klasse.

Unabhängig davon sind Grundschüler grundsätzlich enger zu beaufsichtigen als Oberstufenschüler oder gar volljährige Berufsschüler. Und sobald sich in einer Klasse Inklusionsschüler mit sozial-emotionalen Störungen befinden, dürfen diese ebenfalls nicht unbeaufsichtigt bleiben. Ihre Beaufsichtigung kann jedoch (für eine begrenzte Zeit) vom Inklusionshelfer übernommen werden.

Zu 2: Ebenso ist die Übersichtlichkeit des Aufsichtsbereichs zu berücksichtigen. Wenn die Schüler mit einem Blick zu erfassen sind, erleichtert das die Aufsicht, die dementsprechend lockerer sein kann. Gibt es jedoch Winkel und Ecken, in denen Schüler sich verstecken können, gibt es angrenzende Nebenräume, die kaum einzusehen sind, dann erfordert dies eine intensivere Aufsicht.

Zu 3: Nun kommt der wichtigste Punkt, die Frage, ob es sich um ein **gefahrgeneigtes Fach** bzw. eine gefahrgeneigte Tätigkeit handelt. Solch gefährliche Fächer sind Sport, Physik, Chemie oder Fächer wie Technik, bei denen mit Maschinen gearbeitet wird. In diesen Fächern dürfen Lerngruppen grundsätzlich nicht so geteilt werden, dass eine Gruppe längere Zeit unbeaufsichtigt ist.

Gleiches gilt für gefahrgeneigte Tätigkeiten, die sogar in eigentlich harmlosen Fächern auftreten können. Wenn die Schüler im Kunstunterricht einen Linolschnitt anfertigen oder im Deutschunterricht mit Scheren oder Cuttern arbeiten, um ein Plakat anzufertigen, liegt für diese Zeit eine gefahrgeneigte Tätigkeit vor, in der die Schüler quasi lückenlos zu beaufsichtigen sind.

Falls jedoch keine der genannten Einschränkungen vorliegt, können Sie eine Lerngruppe aus didaktischen Gründen teilen. Sie dürfen allerdings nicht die ganze Zeit bei einer Gruppe bleiben, sondern sind verpflichtet, hin und her zu pendeln. Die Schüler müssen immer damit rechnen, Sie könnten im nächsten Moment um die Ecke kommen. Das meint der von den Gerichten immer wieder gern zitierte Satz: »Die Schüler brauchen nicht ständig beaufsichtigt zu werden, sie müssen sich aber beaufsichtigt fühlen.«

35. Muss ich eine andere Klasse mit beaufsichtigen?

Diese Frage ist wirklich immer dabei, egal wo ich bin. Das ist verständlich, denn natürlich kennen Sie alle die folgende Situation: Sie kommen gutgelaunt, aber nichtsahnend zur Schule, als der Stundenplaner Sie anspricht: »Ich habe heute Morgen überraschend etliche Krankmeldungen bekommen. Kannst du mal die 8a mit beaufsichtigen? Dein Raum liegt doch auf demselben Flur.«

Vermutlich sind Sie durchaus bereit, den Stundenplaner bei seiner schwierigen Tätigkeit zu unterstützen. Aber Sie stellen sich zu Recht die Frage, ob Sie haften, falls im Raum der 8a etwas passiert, während Sie gerade bei Ihrer Klasse sind. Denn schließlich können Sie nicht an zwei Orten gleichzeitig sein. Das kann niemand.

Damit haben wir bereits indirekt die Lösung des Problems: Sobald Sie einen Auftrag bekommen, den Sie nicht (oder nur unvollständig) bewältigen können, sind Sie als guter Beamter (die Beamtinnen sind mitgedacht) verpflichtet, dies »nach oben« zu melden.

Jetzt muss derjenige, der Ihnen die Anweisung gegeben hat, ernsthaft prüfen, ob es nicht eine andere, bessere Lösung gibt. Falls also noch irgendein Kollege im Lehrerzimmer herumsitzt und seinen Kaffee trinkt, dann ist dieser für die 8a einzusetzen, weil die Sicherheit der Schüler absolute Priorität besitzt. Und eine Lehrkraft pro Klasse ist sicherer als eine Lehrkraft für zwei Klassen.

Gerade bei einem überraschend hohen Krankenstand gibt es aber manchmal – trotz Frühbereitschaft – wirklich niemanden, der an Ihrer Stelle eingesetzt werden könnte. In diesem Fall würde der Stundenplaner entgegnen: »Ok, ich habe deine Bedenken zur Kenntnis genommen, aber ich habe objektiv niemand anderen, den ich dafür einsetzen kann. Bitte versuche es.« Dann versuchen Sie es, indem Sie zwischen beiden Klassen hin- und herpendeln (vgl. auch vorige Frage). Sollte trotzdem etwas passieren, so sind Sie beide »aus dem Schneider«: Sie, weil Sie auf die extrem schwierige Aufsichtssituation hingewiesen haben, der Stundenplaner, weil er objektiv niemand anderen zur Verfügung hatte.

36. Bin ich verpflichtet, einem Schüler nachzulaufen, der gegen meine Anweisung den Raum verlässt?

Das kommt darauf an. Vor allem an Grundschulen höre ich häufig diese Frage, manchmal auch an weiterführenden Schulen, in einigen Fällen sogar an berufsbildenden Schulen. Um das Problem juristisch sauber zu klären, sind zwei Dinge zu berücksichtigen.

Zum einen spielt das Alter (die Reife) der Schüler eine wichtige Rolle. Die Kolleginnen an den Grundschulen sind deshalb hier stärker gefordert und müssen einem Kind notfalls hinterherlaufen, um es wieder einzufangen. Das gilt ebenfalls für das Verlassen des Schulgeländes, z. B. während einer großen Pause.

Die Kollegen an den weiterführenden Schulen brauchen die Schüler lediglich darauf hinzuweisen, das Schulgrundstück nicht zu verlassen, vom sportlichen Hinterherlaufen bleiben sie verschont. An weiterführenden Schulen sind Lehrkräfte immer dann stärker gefordert, sobald es sich um Schüler handelt, die »gestört« sind, also ADHS oder andere klinische Befunde attestiert sind. Einen solchen Schüler dürften Lehrkräfte nicht einfach so gehen lassen, sondern müssten hier ebenfalls versuchen, ihn zurückzuhalten. Sollte das nicht gelingen, ist das Sekretariat zu benachrichtigen, um weitere Maßnahmen einzuleiten bzw. die Eltern zu informieren.

Mehr ist für Sie in einer solchen Situation nicht möglich, weil jetzt der zweite Punkt zum Tragen kommt, die sogenannte »**Pflichtenkollision**«. Was besagt dieser Begriff in unserem Fall? Manchmal möchten Sie eigentlich an zwei Orten gleichzeitig sein, um Ihre Pflicht zu erfüllen. Aber die Verpflichtung, einen weglaufenden Schüler zu verfolgen, kollidiert mit der Pflicht, den Rest der Klasse zu beaufsichtigen. Dieses Dilemma lässt sich nicht völlig lösen, weil niemand an zwei Orten gleichzeitig sein kann.

Was man jedoch in einer solchen Situation von Ihnen verlangt, ist Folgendes: Sie müssen eine **Abwägung** vornehmen, wo Sie dringender gebraucht werden. Und dort sind Sie zu finden. Falls also ein gestörter Schüler aus Ihrer (verlässlichen) Klasse stürmt, dann versuchen Sie, ihn wieder einzufangen. Sollten Sie hingegen in einer Klasse unterrichten, die bei Ihrer Abwesenheit vermutlich über Tische und Bänke geht, dann bleiben Sie im Klassenraum und informieren lediglich das Sekretariat über das Verschwinden des einen Schülers.

In einer solch schwierigen Situation dürfen Sie also nicht einfach die Hände in den Schoß legen, weil Sie in einem Dilemma stecken. Damit Sie rechtlich auf der sicheren Seite bleiben, müssen Sie abwägen, eine Entscheidung treffen und hinterher nachvollziehbar begründen, warum Sie so und nicht anders gehandelt haben.

37. Sind Schüler eigentlich versichert, wenn sie nach Hause gehen, um ihre vergessenen Hausaufgaben zu holen?

Hier haben wir einen weiteren Klassiker, den Sie vermutlich aus eigener Erfahrung kennen: Ein Schüler kann seine Hausaufgabe nicht vorlegen, weil er sie – so seine Begründung – zu Hause vergessen habe. Um zu beweisen, dass er sie tatsächlich angefertigt und wirklich nur vergessen hat, bietet er an, schnell zur nahegelegenen Wohnung zu gehen und sie zu holen. An diesem Punkt sagen viele Kollegen: »Na gut, ich glaube es dir.« Das geschieht weniger aus Überzeugung, der Schüler habe die Hausaufgabe tatsächlich angefertigt. Vielmehr ist es ihre Unsicherheit, wie es mit dem Versicherungsschutz des Schülers auf dem Hin- und Rückweg aussieht.

Bevor wir uns mit den diversen Gerüchten über den Versicherungsschutz auseinandersetzen, zunächst etwas Grundsätzliches: Sie brauchen den Schüler nicht nach Hause gehen zu lassen, und zwar aus zwei Gründen. Erstens sind die Schüler nicht nur verpflichtet, ihre Hausaufgaben anzufertigen, sondern sie sind ebenso verpflichtet, diese mit zur Schule zu bringen und dort vorzulegen. Und wer das schuldhaft versäumt (vergessen ist immer schuldhaft!), der muss halt die Konsequenzen tragen. Zweitens dürfen Schüler – sofern sie nicht volljährig sind – grundsätzlich das Schulgrundstück nicht ohne Ihre Erlaubnis verlassen. Wenn Sie also der Auffassung sind, es sei für den Schüler zu gefährlich, jetzt schnell nach Hause zu rennen, um dann wieder möglichst schnell zur Schule zurückzukehren, dann brauchen Sie auf dieses Angebot nicht einzugehen. Und trotzdem hätte der Schüler die Folgen seines Versäumnisses zu tragen.

Wie sieht es nun mit dem Versicherungsschutz aus, falls Sie ihm die Möglichkeit geben, sich zu entlasten? Dass Schüler auf dem Weg zur Schule (und von dort wieder zurück nach Hause) versichert sind, ist hoffentlich schulrechtliches Grundwissen aus dem Referendariat (vgl. auch Frage 47, Mitnahme im Pkw). Aber hier wird der Schulweg ja gleich zweimal am Tag zurückgelegt. Ist dann auch das zweite Hin und Her versichert?

Ja, der Schüler ist hierbei versichert. Deutlich wird dies an folgendem Beispiel: Stellen Sie sich bitte einen Schüler vor, der das Haus verlassen hat, um zur Schule zu gehen. An der 50 Meter entfernten Ampel merkt er, dass er seine Hausaufgaben zu Hause vergessen hat. Also kehrt er um, holt sein Heft und läuft wieder bis zur Ampel. Wäre er bei einem Unfall auf diesem Weg versichert? Ja, weil es einen arbeitsrechtlichen Grund gibt, diesen Weg zweimal zu gehen. Das würde sogar für das vergessene Pausenbrot gelten, nicht aber für das Smartphone, weil er das (noch) nicht für seine Tätigkeit in der Schule braucht.

Da ich gerade das Pausenbrot erwähnt habe, kläre ich ein weit verbreitetes Missverständnis: Schüler jeden Alters haben das Recht, in der **Mittagspause** das Schulgelände zu verlassen und sich woanders zu verpflegen. Das kann bei der Großmutter sein, die um die Ecke wohnt, gilt aber genauso für die Imbissbude auf der anderen Straßenseite. Und die Schüler sind, wie jeder Arbeitnehmer, auf dem Weg zur Nahrungsaufnahme und von dort wieder zurück versichert.

38. Darf ich Schüler, die sich krank fühlen, alleine zurück nach Hause gehen lassen?

Ja, wenn die Schüler älter als 14 Jahre sind und die Eltern dies grundsätzlich abgesegnet haben, dann dürfen Sie das. Die viel wichtigere Frage ist, ob Sie das wirklich wollen.

Fangen wir mit der juristischen Seite an, weil sie relativ einfach zu klären ist. Jede Lehrkraft kennt den 18. Geburtstag (juristisch: Vollendung des 18. Lebensjahres) als Beginn der Volljährigkeit. Kaum jemand kennt jedoch die große Bedeutung des 14. Geburtstages. Nach diesem Zeitpunkt reden wir nicht mehr von »Kindern«, sondern von »**Jugendlichen**«, die jetzt strafmündig sind und (nach Jugendstrafrecht) bestraft werden können. Das ist zulässig, weil man davon ausgeht, Jugendliche besäßen nun die nötige Einsicht in ihre Handlungen. Ebenfalls dürfen Jugendliche jetzt frei ihre Religion wählen oder sogar aus der Kirche austreten, weil man annimmt, diese wichtige Entscheidung könnten sie nun selbst treffen. Jugendliche sind also nach dem 14. Geburtstag »**selbstbestim-**

mungsfähig«, wie die Juristen sagen. Sie können und dürfen viele Dinge (nicht alle!) selbst entscheiden.

Ein 14-jähriger Schüler kann darum im Regelfall ganz gut beurteilen, ob sein Gesundheitszustand es ihm erlaubt, noch weiter am Unterricht teilzunehmen oder nicht. Ob er sich im letzten Fall ohne Begleitung auf den Rückweg machen und in der elterlichen Wohnung alleine aufhalten darf, liegt in der Entscheidung der Eltern. Deshalb ist neben der Selbsteinschätzung des jugendlichen Schülers die Zustimmung der Eltern erforderlich. Dann aber wäre es zulässig, ihn unbegleitet nach Hause gehen zu lassen.

Aber wollen Sie das wirklich? Denn ein solches Entgegenkommen hat Risiken und Nebenwirkungen. Schließlich ist ein plötzlich verspürtes Unwohlsein eine gute Möglichkeit, der öden Schule zu entfliehen. Es geht einem so schlecht, dass man wirklich nicht mehr am Unterricht teilnehmen kann, allerdings ist man nicht soo krank, dass man unbedingt zum Arzt müsste. Vermutlich reicht es, sich zu Hause ein wenig auszuruhen. Und sobald man das Schulgelände verlassen hat und an der frischen Luft ist, geht es einem schon merklich besser. Allerdings noch nicht soo gut, um in die Schule zurückzukehren und wieder am Unterricht teilzunehmen. Der Gesundheitszustand ist halt sehr subjektiv und unvorhersehbar.

Zudem weiß jeder halbwegs gewitzte Schüler: In den meisten Bundesländern werden bei den Fehltagen **nur ganze Tage** gezählt. Wer also die ersten beiden Stunden zu Hause bleibt, dann zwei Stunden in die Schule geht und sich danach krank abmeldet, der erhält keinen Fehltag auf dem Zeugnis, obwohl er zwei Drittel des Schultages nicht anwesend war. Bei Lehrkräften hingegen zählt man jede einzelne Stunde der Abwesenheit. Es wäre es schön, wenn die Kultusministerien den Schulen erlauben würden, die Fehlzeiten der Schüler mit der gleichen Präzision im Zeugnis zu dokumentieren.

Nach diesem kleinen Seitenhieb nun aber wieder zurück zum Kernproblem. Wenn Sie einen Schüler, der sich krank fühlt, aus den oben genannten Gründen nicht nach Hause gehen lassen wollen, so könnte sich das wie folgt anhören: »Was, du fühlst dich nicht gut? Ja, wenn ich genau hinschaue, muss ich sagen, dass du ganz blass aussiehst. Sollen wir einen Krankenwagen rufen oder sollen wir dich zu deinem Hausarzt bringen lassen? Nein? So schlimm ist es nicht? Na, dann leg dich erst einmal in den Sanitätsraum. Wir machen dort das Fenster auf und irgendjemand schaut ab und zu nach dir. Und wenn es dir besser geht, dann kommst du wieder in den Unterricht.«

Für diese Art des Vorgehens gibt es einen überzeugenden juristischen Grund, es ist die sogenannte **Garantenstellung**. Sie bezeichnet eine besonders hohe Form der Verantwortung für einen anderen. Vielleicht haben Sie davon gehört, dass ein Gastwirt verpflichtet ist, einem betrunkenen Gast, der noch mit seinem Auto fahren will, den Autoschlüssel abzunehmen, weil er für seinen Gast eine besondere Verantwortung hat. Ähnliches gilt z. B. für volljährige Schüler an Berufsschulen, die sich krank fühlen, trotzdem aber noch mit dem Auto nach Hause fahren wollen. Sie brauchen dem Schüler nicht den Schlüssel abzunehmen, denn Sie sind nicht – anders als der Gastwirt – für die Fahruntüchtigkeit mitverantwortlich. Aber ein deutlicher Hinweis auf die Gefahr ist selbst bei volljährigen Schülern erforderlich. Wer zu geschwächt ist, um am Unterricht teilzunehmen, für den ist es höchst riskant, mit dem Auto zu fahren.

Falls Sie also die Befürchtung hegen, ein Schüler könne auf dem Rückweg einen Schaden erleiden, dürfen sie ihn – als Fürsorgemaßnahme aus Ihrer Garantenstellung – bis zum Schulschluss in der Schule behalten. Sollte der Schüler jedoch angeben, er möchte einen Arzt aufsuchen, dann lassen Sie sich den Namen des betreffenden Arztes geben. Daraufhin rufen Sie (oder das Sekretariat) dort an, um den Schüler anzumelden, damit er möglichst schnell behandelt wird. Denn als Dienstleistungsbetrieb tun wir alles, um die Gesundheit unserer Schüler zu erhalten.

39. Wie verhalte ich mich, wenn mich jemand auf dem Weg zu meiner Aufsicht aufhält, um mit mir etwas zu besprechen?

Das ist eine meiner Lieblingsfragen, weil ich den Kollegen mit der Antwort eine klare Lösung eines typischen Problems zeigen kann. Vermutlich kennen Sie alle diese schwierige Situation und gleich erfahren Sie, wie Sie sich korrekt verhalten. Alles hängt davon ab, *wer* Sie auf dem Weg zu Ihrem Aufsichtsbereich anspricht.

Lassen Sie uns zuerst einmal annehmen, ein **Schüler** oder ein **Kollege** spricht Sie an, weil er mit Ihnen »ganz schnell« etwas »enorm Wichtiges« klären müsse. Die Lösung ist sehr einfach: Ihre Aufsicht hat Vorrang. Sie teilen dem Schüler oder dem Kollegen mit, Sie hätten jetzt leider keine Zeit. Wenn jedoch die Sache so wichtig sei, könne er Sie ja zu Ihrem Aufsichtsbereich begleiten, um dort die Angelegenheit zu besprechen. Meist stellt sich nach diesem Vorschlag die Angelegenheit als doch nicht so dringend heraus. Sollten Sie jedoch stehenbleiben, merken Sie schon bald, dass alles, was mit »ganz schnell« oder »ganz kurz« eingeleitet wird, häufig nur der Türöffner für eine längere Darlegung eines Einzelschicksals ist. Ihnen sollte klar sein: Falls Sie wegen eines solchen Gesprächs verspätet zu Ihrem Aufsichtsbereich kommen, dann handeln Sie schuldhaft und haften für etwaige Schäden.

Nun kommt die zweite Variante, bei der Ihr **Schulleiter** Sie auf dem Weg zu Ihrer Aufsicht anspricht, um etwas zu klären. Ihr korrektes Verhalten sieht wie folgt aus: Sie weisen den Schulleiter darauf hin, eigentlich keine Zeit zu haben, weil Sie zu Ihrem Aufsichtsbereich müssen. Wenn die Angelegenheit nicht sehr dringend ist, verschiebt der Schulleiter das Gespräch vermutlich auf einen späteren Zeitpunkt. Falls es allerdings einen wichtigen Grund dafür gibt, kann Ihr Schulleiter Sie – als Ihr Vorgesetzter – von der Aufsicht befreien. Er könnte Sie folglich anweisen, jetzt mit ihm in sein Dienstzimmer zu gehen und dort die Angelegenheit x zu klären. Wenn während dieser Zeit in Ihrem Aufsichtsbereich ein Unfall passiert, trifft Sie keine Schuld, sondern den Schulleiter trüge die Verantwortung für Ihre Abwesenheit.

40. Gibt es einen Zahlenschlüssel, bei wie vielen Schülern eine, zwei oder drei Aufsichten zu stellen sind?

Leider nicht, aber ich verstehe schon den Wunsch nach klaren Regeln, weil sie das Leben einfacher machen. So scheint es zumindest. Denn dann könnte man nachrechnen, ob die Schulleitung vielleicht zu viele Aufsichten für den Pausenhof eingesetzt hat. Oder man könnte eine zweite Begleitperson für die Tagesfahrt fordern, weil man ja 26 Schüler hat und der Zahlenschlüssel bei 25 Schülern liegt. Aus solch verständlichen Gründen höre ich regelmäßig diese Frage.

Aber so einfach ist das Leben nicht, schon gar nicht in der Schule. Außerdem würde ein fester Zahlenschlüssel nicht wirklich weiterhelfen, wie Sie gleich sehen werden. Nehmen wir einmal die Aufsicht auf dem Pausenhof. Die lässt sich doch nicht einfach danach bemessen, wie viele Schüler die

Schule hat, sondern nur nach der Anzahl der Schüler, die sich tatsächlich im Durchschnitt auf dem Pausenhof aufhält. Diese Zahl wäre im Sommer vermutlich grundsätzlich höher als im Winter. Allerdings könnte sie an einem klaren Wintertag mit Schneefall höher sein als einem Regentag im Juni. Und sobald eine größere Schülergruppe sich vom Pausenhof in die Pausenhalle bewegt, müsste hier die Anzahl der Aufsichten um eine Lehrkraft erhöht, auf dem Hof aber um eine verringert werden.

Zudem hätte der Zahlenschlüssel bei Grundschülern anders zu sein als in der Mittelstufe und dort wiederum anders als in der Oberstufe. Auch wären die Übersichtlichkeit des Aufsichtsbereiches und die Anzahl möglicher Gefahrenquellen (Schaukel, Kletterwand) in die Kalkulation mit einzubeziehen. Noch gar nicht berücksichtigt haben wir bis jetzt die Bodenbeschaffenheit sowie die Art der Aktivität. Also, ein solches Zahlensystem wäre schwierig zu erstellen, sehr unübersichtlich und nicht flexibel.

Für Sie als Lehrkraft ist das jetzige System im Grunde viel besser. In ihm entscheidet nämlich die **Schulleitung** über die Aufsichtsdichte der einzelnen Bereiche und trägt damit die Verantwortung für eine ausreichende Aufsicht. Es wird noch besser: Falls Sie das Gefühl haben, in Ihrem Aufsichtsbereich seien unnötig viele Aufsichten eingeteilt, dann geben Sie Ihre Einschätzung an die Schulleitung weiter, damit diese Ihre Information umsetzen kann. Gleiches gilt für den umgekehrten Fall. Sollten Sie das Gefühl haben, Ihren Aufsichtsbereich nicht alleine kontrollieren zu können, dann bitten Sie um Unterstützung durch eine weitere Lehrkraft. Gerade im zweiten Fall kann die Schulleitung Ihre Einschätzung nicht ignorieren, weil die Sicherheit der Schüler absolute Priorität besitzt.

Zum Abschluss noch ein Wort zu Tagesfahrten: Natürlich ist die Kontrolldichte höher, wenn man bei einer Tagesfahrt eine zweite Lehrkraft als Begleitung hat. Außerdem hat man jemanden, mit dem man sich unterhalten und mittags zusammen essen kann. Für den Stundenplaner oder Vertretungsplaner, aber ebenso für die in der Schule verbleibenden Kollegen, sieht das ganz anders aus: Denn jetzt müssen nicht nur die Stunden einer fehlenden Lehrkraft, sondern von zweien vertreten werden. Haben Sie also Verständnis dafür, wenn Ihr Schulleiter bei unproblematischen Klassen nur eine Begleitperson genehmigt. Und freuen Sie sich, wenn Sie keinen Vertretungsunterricht zu geben brauchen, nur weil jemand eine Tagesfahrt macht.

41. Wie lange muss ich die Kinder beaufsichtigen, wenn die Eltern sie nach Schulschluss nicht abholen?

Schon an der Formulierung der Frage merken Sie: Wir befinden uns nun an der Grundschule, bei der meist nicht von »Schülern«, sondern von »Kindern« gesprochen wird. Anders als an weiterführenden Schulen, an denen die Schüler nach dem Ende des Unterrichts selbstständig wieder nach Hause gehen, erfolgt an Grundschulen nach Schulschluss eine Übergabe an die Eltern. Der Grund dafür ist einsichtig: Die Kleinen sind möglichst lückenlos zu beaufsichtigen.

Lassen Sie uns einmal annehmen, die Betreuung durch die Schule endet um 15 Uhr, und zu diesem Zeitpunkt sollen die Eltern ihre Kinder wieder abholen. Die meisten Eltern sind pünktlich oder sogar schon vor der angegebenen Zeit da, aber leider nicht alle. Und so steht unsere verantwortliche Grundschullehrerin in der Pausenhalle und wartet und wartet und wartet.

Bevor ich die Frage aus der Überschrift beantworte, sollte klar sein: Jeder kann sich einmal verspäten. Selbst wenn man sich rechtzeitig auf den Weg macht, können Baustellen, Verkehrsunfälle oder andere widrige Umstände dazu führen, später als geplant anzukommen. Allerdings ist zu unterscheiden, ob die Eltern **einmal** zu spät kommen oder ob dies **mehrfach** geschieht. Denn leider gibt es dreiste Eltern, die die Grundschule als kostenlose Kinderaufbewahrungsstätte betrachten und nicht einsehen, irgendwelche privaten Aktivitäten abzubrechen, nur um ihr Kind rechtzeitig von der Schule abzuholen. Schließlich sind da doch die gutmütigen Tanten, die dafür bezahlt werden, so lange aufzupassen, bis man das eigene Kind wieder in Empfang nimmt. Notfalls murmelt man »Tschuldigung, tut mir echt furchtbar leid«, liefert irgendeine windige Erklärung für die Verspätung, und schon ist alles wieder im Lot. Kommt Ihnen das bekannt vor?

Fangen wir mit den Eltern an, die einmalig zu spät kommen. Das kann passieren, ist aber (hoffentlich beiden Seiten!) unangenehm. Guter Stil wäre es, vorher kurz in der Schule anzurufen und anzukündigen, man komme vermutlich x Minuten später. Solchen Eltern begegnen wir verständnisvoll, machen aber zugleich klar: Auch für uns gibt es noch ein Leben neben der Schule. Wir haben täglich Verpflichtungen und wichtige Termine, die wir einhalten müssen und können deshalb nicht endlos warten.

Kommen die Eltern bereits ein zweites Mal zu spät, dann sollten Sie darüber eine **Aktennotiz** mit dem Datum und dem Ausmaß der Verspätung anfertigen. Das mag Ihnen im Moment übertrieben erscheinen, kann aber später wichtig werden. Sagen Sie den Zuspätkommenden ungehalten, Ihr Wagen müsse heute dringend zur Wartung bzw. Reparatur oder Sie hätten heute Nachmittag einen wichtigen Arzttermin. Machen Sie solch rücksichtslosen Eltern nachdrücklich klar:

Ihr Dienst geht nur bis 15 Uhr, und wiederholte Verspätungen brauchen nicht hingenommen zu werden. Die Schule ist eben keine kostenlose Kinderaufbewahrungsstätte. Wenn die Eltern so etwas suchen, sollen sie ihr Kind bei Ikea im Bällebad abgeben.

Um das nachlässige Verhalten von dickfelligen Eltern zu ändern, brauchen diese einen Schuss vor den Bug. Erklären Sie den Eltern: Beim nächsten Zuspätkommen werden Sie das Kind bei der Polizei abliefern. Dort können die Eltern es abholen, wann es ihnen passt. Allerdings sollten die Eltern wissen, dass die Polizei ein Kind nur gegen Vorlage der Ausweispapiere und einer Unterschrift unter einem Protokoll herausgibt. Ja, da ist man recht pingelig.

Und wenn die Verwahrung des Kindes sehr lange dauert, dann ist das Kind vielleicht schon vom Jugendamt abgeholt worden. Das sollten Sie den Eltern – ganz ruhig und in netter Form – mitteilen. In diesem Zusammenhang werden nun Ihre Aktennotizen wichtig, weil sie dokumentieren, wie oft und wie lange die Eltern sich schon im Vorfeld nicht um ihr Kind gekümmert haben. Das sind Informationen, die das Jugendamt interessieren, sobald es um eine »Betreuung« der nachlässigen Eltern geht.

Wie lange Sie zu warten haben, bis Sie das Kind bei der Polizei abliefern, ist nicht festgelegt. Sie müssen noch eine angemessene Zeit warten. Das ist in der Regel eine Viertelstunde. Wenn wir noch fünf Minuten drauflegen, sind wir bei 20 Minuten. Ich meine, hier ist die Schmerzgrenze erreicht, vor allem dann, wenn Sie anschließend tatsächlich noch einen wichtigen Termin haben. Sinnvoll ist es natürlich, an Ihrer Schule bei diesem Problem einheitlich vorzugehen. Machen Sie eine Dienstbesprechung und legen Sie im Kreise der Kolleginnen fest, wie lange Sie an Ihrer Schule maximal warten wollen.

42. Darf ich während meines Unterrichts den Raum verlassen, weil ich im Lehrerzimmer etwas vergessen habe?

Niemand ist perfekt. So, wie es jedem einmal passieren kann, zu spät zu kommen (siehe vorige Frage), kann jeder einmal etwas vergessen. Es könnte also sein, Sie merken während Ihrer Geschichtsstunde in der Klasse 8a entsetzt, dass Sie vergessen haben, die Klassenarbeit für die darauffolgende Stunde in der 9b zu kopieren. Oder Sie stellen fest, die Arbeitsblätter, die Sie für den zweiten Teil der Stunde benötigen, im Lehrerzimmer vergessen zu haben. Dürfen Sie jetzt kurzfristig Ihre Klasse verlassen? Ja, das können Sie, und zwar weil ich den Fall entsprechend konstruiert habe. Erstens sind wir an einer weiterführenden Schule mit älteren Schülern, die man schon einmal alleine lassen kann. Zweitens handelt es sich bei Geschichte um ein harmloses Fach, sofern Sie Ihre Schüler nicht gerade mit Scheren oder Cuttern arbeiten lassen. Und drittens gibt es einen wichtigen **dienstlichen** Grund, die Klasse kurz zu verlassen. Einen wichtigen persönlichen Grund hätten Sie, wenn Sie ganz dringend auf die Toilette müssen.

Sie können sich vorstellen, dass die Situation anders wäre, wenn

- Ihr Verlassen des Raumes nicht erforderlich wäre,
- es sich um Grundschüler handeln würde, die quasi lückenlos beaufsichtigt werden müssen,
- ein »gefahrgeneigtes« Unterrichtsfach wie Sport, Chemie oder Physik unterrichtet würde.

Dann müssten Sie die Klassenarbeit für die 9b wohl oder übel in der großen Pause kopieren oder den zweiten Teil der Stunde ohne die vorbereiteten Arbeitsblätter bestreiten. Im letzten Fall könnten Sie auch einen vertrauenswürdigen Schüler zum Lehrerzimmer schicken und ihn die Arbeitsblätter holen lassen.

Wenn Sie sich dafür entscheiden, den Klassenraum kurzfristig zu verlassen, sollten Sie zwei verlässliche Schüler bestimmen, die in dieser Zeit die Klasse beaufsichtigen. Keine Sorge, diese beiden Schüler haften nicht, falls etwas passiert. Aber Sie zeigen durch die zusätzliche Absicherung, dass Sie als Lehrkraft alles unternommen haben, um die Gefahr während Ihrer Abwesenheit zu minimieren.

43. Kann ich Schüler, die mit ihrer Klassenarbeit fertig sind, schon früher aus dem Raum lassen?

Grundsätzlich nicht. An Grundschulen geht das gar nicht, es sei denn, es gibt eine pädagogische Betreuungskraft, die quasi nahtlos diese Schüler übernimmt und weiter betreut. Aber wie sieht es an weiterführenden Schulen aus? Natürlich kenne ich das Problem: Diejenigen, die bereits fertig sind, fangen an, miteinander über die gerade geschriebene Arbeit zu reden und stören die noch schreibenden Mitschüler. Also lassen einige Kollegen diejenigen, die fertig sind, schon vor dem Klingeln aus dem Raum.

Abgesehen davon, dass dieses Vorgehen unerwünschte Nebenwirkungen hat, ist juristisch bedeutsam, in welcher Stunde das Ende der Lernkontrolle liegt. Wird die Arbeit in den letzten beiden Stunden (z. B. 5./6. Std.) geschrieben, so ist es möglich, die Schüler schon vor dem Klingeln aus dem Raum zu lassen. Juristische Begründung: Man geht davon aus, die Schüler würden jetzt das Schulgebäude verlassen und sich bereits auf den Heimweg machen.

Anders sieht es bei Klassenarbeiten in den mittleren Stunden (z. B. 3./4. Std.) aus. Wenn die Schüler den Raum verlassen, bleiben sie unbeaufsichtigt im Gebäude, ohne dass irgendjemand etwas davon weiß. Das ist eine deutlich riskantere Situation und deshalb grundsätzlich unzulässig. Das ginge nur, wenn die Schüler in einen durch Erwachsene beaufsichtigten Bereich gingen (z. B. Mensa, Cafeteria), die Schulleitung dies erlauben und damit die Verantwortung übernehmen würde.

Aber ich kenne nur sehr wenige Schulleitungen, die dieses Vorgehen erlauben, meist machen die Lehrkräfte es hinter dem Rücken der Schulleitung. Damit tragen die Kollegen auch die Verantwortung für etwaige Schäden und Unfälle. Falls Sie also das vorzeitige Verlassen des Raumes erlauben, sollten Sie eine überzeugende Antwort auf folgende Frage parat haben: »Wieso haben Sie die Schüler eigentlich unbeaufsichtigt schon vorher aus Ihrem Unterricht entlassen?« »Damit sie die anderen nicht stören« ist als Argument nicht wirklich plausibel. Denn wenn 25 Schüler nacheinander geräuschvoll ihre Sachen zusammenpacken, den Stuhl an den Tisch schieben, dann die Tür öffnen, den Raum verlassen und die Tür wieder ins Schloss ziehen, werden die noch schreibenden Mitschüler jedes Mal aufs Neue gestört. Das nächste Problem betrifft die Lehrkräfte in den angrenzenden Räumen. Es ist ungemein störend, wenn man selbst noch konzentriert in Ruhe unterrichten möchte, auf dem Flur aber ständig lärmende Schüler vorbeiziehen und sich aufgeregt darüber unterhalten, wie schwierig doch die gerade geschriebene Arbeit war.

Mein Vorschlag: Lassen Sie Schüler, die mit ihrer Arbeit fertig sind, entweder (pädagogisch wertvoll) Bücher oder (pädagogisch mittelprächtig) Zeitschriften lesen oder lassen Sie sie mit ihrem Smartphone spielen, sofern das an Ihrer Schule nicht verboten ist. Letzteres ist pädagogisch natürlich nur schwer zu verantworten, wirkt aber ausgesprochen gut. Wen das nicht überzeugt, der möge sich einmal fragen, was die Schüler vor dem Klassenraum vermutlich sofort in die Hand nehmen.

44. Wer haftet eigentlich, wenn ein Schüler das Eigentum eines anderen beschädigt?

Falls dieser Themenbereich Sie interessiert, lesen Sie bitte nicht nur diese, sondern ebenfalls die Antworten auf die nächsten zwei Fragen sorgfältig, weil es gleich etwas kompliziert wird. Das liegt nicht an mir, sondern an den rechtlichen Regelungen. Die differenzierten Antworten sind jedoch notwendig, damit Sie als Lehrkraft die richtigen Schritte einleiten.

Zuerst eine Abgrenzung: Es geht nicht um Körperschäden, die ein Schüler einem anderen zufügt, denn die sind über die gesetzliche Unfallversicherung abgedeckt. Deren Meldefrist ist mit maximal drei Tagen allerdings unerfreulich kurz. Darum sollte man die Meldung solcher Vorfälle nicht auf die lange Bank schieben.

Hier und heute geht es also um einen **Sachschaden**, den ein Schüler einem anderen zufügt, was gar nicht so selten vorkommt.

Solange Schüler das 7. Lebensjahr noch nicht vollendet haben, **haften sie nicht** für Schäden, weil sie (gem. § 828 BGB) noch nicht »deliktsfähig« sind. Wann nun ist das 7. Lebensjahr vollendet? Mit dem 7. Geburtstag. Denn da die biologische Geburt nicht als »Geburtstag« mitzählt, findet der erste Geburtstag am Ende des ersten Lebensjahres statt und so weiter. Falls also ein Schüler vor seinem 7. Geburtstag einen Schaden verursacht, dann **haftet niemand** – weder die Eltern noch eine Versicherung. Die Eltern könnten freiwillig zahlen, wenn sie das denn unbedingt wollen, eine Versicherung würde es sicher nicht tun. Bis zum 7. Geburtstag sind Schüler folglich hochgefährlich, weil Sachschäden, die sie verursachen, von niemandem bezahlt werden müssen.

Nach diesem Zeitpunkt **haften sie selbst** – und nicht etwa ihre Eltern, wie viele Lehrkräfte fälschlich glauben. Auch das Schild an der Baustelle (»Eltern haften für ihre Kinder«) stimmt nicht. Es soll nur dafür sorgen, dass die Eltern ihren Kindern verbieten, auf der Baustelle herumzuturnen. Also, wer seinen 7. Geburtstag gefeiert hat, der haftet selbst für die Sachschäden, die er einem anderen vorsätzlich oder fahrlässig zufügt. Wenn also ein Schüler (Jerome-Maurice) einem anderen (Alexander) aus Versehen (also fahrlässig) die Federtasche zerdrückt, dann hat Jerome den Schaden zu ersetzen.

Hoffentlich haben Jeromes Eltern für ihren Sprössling eine Haftpflichtversicherung abgeschlossen, die dann einspringen würde. Falls dem nicht so ist, könnten Jeromes Eltern freiwillig den Schaden ersetzen, verpflichtet sind sie dazu nicht. Denn **grundsätzlich haftet jeder nur für sich selbst**. Jerome dürfte folglich von seinem Taschengeld das absolut notwendige Minimum behalten und wäre verpflichtet, die zerdrückte Federtasche in den nächsten Jahren abzustottern.

Da diese Variante zwar möglich ist, in der Praxis jedoch kaum vorkommt, haben manche Schulen für ihre Schüler eine Zusatzversicherung abgeschlossen, die in solchen Fällen Sachschäden bis 300 Euro zahlt. Aber selbst wenn Ihre Schule keine Zusatzversicherung für die Schüler hat, so sind derartige Schäden nicht Ihr Problem. Sollten Sie Ihre Aufsicht gewissenhaft geführt haben und trotzdem zu einem Schaden gekommen sein, müssen die betroffenen Schüler (bzw. deren Eltern) die Schadensregelung untereinander abwickeln.

45. Wer zahlt, wenn ein Schüler einen Beamer runterfallen lässt, den er für mich zum Lehrerzimmer trägt?

Wenn Sie die vorige Frage zum Haftungsausschluss gelesen haben, dann wissen Sie: Es ist unter mehreren Aspekten nicht sachgemäß, sehr junge Schüler so wertvolle Geräte tragen zu lassen. In meinem Beispiel nehme ich deshalb einen zwölfjährigen Schüler, der in Ihrem Auftrag einen Beamer vom Klassenraum wieder zurück ins Lehrerzimmer tragen soll, weil Sie alle Hände voll haben. Da es sich um ein wertvolles Gerät handelt, wählen Sie einen verlässlichen Schüler aus. Der trägt den Beamer zurück, bekommt aber überraschend einen Niesanfall und lässt den Beamer fallen, der nun hinüber ist.

Lassen Sie uns zuerst klären, wer Eigentümer des Beamers ist. Er gehört nicht dem Bundesland, das Ihr Gehalt bezahlt, sondern als Inventar gehört er dem Schulträger, also der Stadt, der Kommune, Gemeinde, die Ihre Schule betreibt und mit Sachmitteln ausstattet.

Wer zahlt bzw. muss zahlen? Zunächst die gute Nachricht für den Schüler: Er braucht nicht zu zahlen. Zum einen, weil er den Beamer nicht vorsätzlich (absichtlich) hat fallen lassen, zum anderen weil er in Ihrem Auftrag, als Ihr »Erfüllungsgehilfe«, gehandelt hat.

Wie geht es weiter? Sie als Lehrkraft sind für die sachgerechte Auswahl Ihrer »Gehilfen« verantwortlich. Da Sie aber keinen sehr jungen Schüler, sondern einen etwas älteren genommen haben, der grundsätzlich zuverlässig ist, kann man Ihnen keine fehlerhafte Auswahl vorwerfen. Folglich haben Sie nicht **grob** fahrlässig gehandelt.

Natürlich könnte man kritisch fragen, ob es nicht vielleicht besser gewesen wäre, Sie selbst hätten den teuren Beamer und der Schüler dafür Ihre Büchertasche getragen. Aber schließlich ist es pädagogisch sinnvoll, Schüler altersangemessen mit verantwortungsvollen Aufgaben in der Schule zu betrauen. Zudem hätten Sie ebenfalls einen Niesanfall bekommen können, bei dem der Beamer ohne Ihr Verschulden heruntergefallen wäre. Wenn man Ihnen unbedingt ein Verschulden vorwerfen wollte, dann wäre es vermutlich **leichte** (unbewusste) Fahrlässigkeit.

Müssen Sie dafür haften? Wer als juristischer Laie zufällig in den § 839 BGB (Amtspflichtverletzung) schaut, könnte das glauben. Sie haften glücklicherweise nicht, weil zum einen das Land und der Schulträger die Schule **gemeinsam betreiben** und der Schulträger deshalb nicht »Dritter« im Sinne des Gesetzes ist. Außerdem, so regelt es das darüber stehende Grundgesetz (Art. 34), springt für Schäden eines Beamten das Land ein, und dieses fordert nur bei **grober** Fahrlässigkeit (und natürlich bei Vorsatz!) zurück. Da Sie nur leicht fahrlässig gehandelt haben, brauchen Sie nicht zu zahlen. Der Schulträger könnte sich rein theoretisch den Beamer vom Land ersetzen lassen. Aber ich glaube, darauf wird er bei einem so geringen Schaden verzichten.

46. Wer ersetzt das von mir eingesammelte Kopiergeld, das dann verloren geht?

Im Privatleben werden wir demnächst etliche Dinge nur noch über das Smartphone bezahlen, in manchen Schulen hingegen wird noch erstaunlich viel über Bargeld abgewickelt. So gibt es immer noch Schulen, die das Kopiergeld der Schüler in bar einsammeln lassen. So auch an unserer Musterschule: Die Schulleitung hat ihre Lehrkräfte angewiesen, pro Schüler zehn Euro Kopiergeld zu kassieren und dann im Sekretariat abzugeben. Als eine Kollegin das Geld einsammelt, haben nur 23 von 25 Schülern den Betrag dabei, die anderen versprechen hoch und heilig, morgen ganz bestimmt das Geld mitzubringen. Da die Kollegin nicht zweimal ins Sekretariat laufen will, steckt sie das Geld in einen Briefumschlag und legt diesen im Lehrerzimmer in ihr Fach. Obwohl dort ebenfalls wertvolle persönliche Sachen von ihr liegen, schließt sie das Fach grundsätzlich nicht ab. Wer soll schon im Lehrerzimmer etwas stehlen? Natürlich ahnen Sie, was passiert: Am nächsten Morgen ist der Umschlag mit dem Geld weg, und es stellt sich die Frage, wer für den Verlust aufkommt.

Bei diesem grob fahrlässigen Verhalten haftet die Kollegin, und zwar weil sie **als Staatsdienerin** gehandelt hat. Als Privatperson wäre das anders, weil es sich um eine »unentgeltliche Verwahrung« handelt, bei der jemand nur dann haftet, wenn er mit den verwahrten Sachen nachlässiger umgeht als mit den eigenen. Wenn die Kollegin also in ihrer Freizeit im Fitnessstudio für ein Geschenk an den Trainer Geld einsammelt, das man ihr dann aus dem Spind stiehlt, würde sie nicht haften, falls sie ihre eigenen Sachen ebenfalls unverschlossen im Fach lässt.

Als Lehrkraft handelt sie jedoch als Amtsträgerin und kommt damit leider in den Bereich der »öffentlich-rechtlichen-Verwahrung«. Jetzt kann sie sich nicht mehr wirksam damit entschuldigen, auch ihre eigenen Sachen nicht sicher wegzuschließen. Denn als Lehrkraft ist sie verpflichtet, ihre Schüler nicht nur vor Körperschäden, sondern ebenso vor Sachschäden zu bewahren, sofern es in ihrem Zuständigkeitsbereich liegt. Die Kollegin muss folglich den Schaden ersetzen.

Glücklicherweise hat sie eine Amtshaftpflichtversicherung, die für den Schaden einsteht. Diese ist aber bei Bargeld unglücklicherweise auf 200 Euro begrenzt, so dass sie 30 Euro aus eigener Tasche zahlen darf. Schauen Sie bei Gelegenheit doch einmal ins Kleingedruckte Ihrer Amtshaftpflichtversicherung, damit Sie wissen, bis zu welcher Höhe der Verlust von Bargeld gedeckt ist.

Was lernen wir daraus? Zumindest das Fach im Lehrerzimmer abschließen, weil bei einem Aufbruch die Versicherung des Schulträgers zahlen würde. Aber auch dort ist der Diebstahl von Bargeld (meist auf 150 Euro) begrenzt. Noch besser ist es, das Geld ins Sekretariat zu bringen, wo es im (hoffentlich vorhandenen) Schulsafe sicher verstaut wird. Die noch ausstehenden 20 Euro liefert man eben später nach. Und hier schließt sich der Kreis: Am sichersten ist es natürlich, solche Gelder unbar einzuziehen.

47. Was riskiere ich, wenn ich Schüler in meinem privaten Pkw mitnehme und es zu einem Unfall kommt?

Da es zu diesem Themenbereich eine Menge wilder Gerüchte gibt, ist diese Frage ebenfalls ein Dauerbrenner. Manchmal wollen Grundschullehrerinnen wissen, ob Eltern andere Kinder im Auto mitnehmen können, oder Berufsschullehrer interessieren sich dafür, ob volljährige Schüler befreundete Mitschüler in ihrem Auto befördern dürfen. Das alles klären wir gleich, weil das Grundprinzip für diese Fälle dasselbe ist.

Lassen Sie uns als Ausgangspunkt folgenden Fall annehmen: Sie kommen von einer Tagesfahrt mit einem Bus wieder zurück an den Schulort, wo die Eltern ihre Kinder abholen sollen. Fast alle Schüler werden abgeholt, nur nicht Jerome-Maurice. Seine Eltern lassen ihn wieder einmal hängen und sind auch über das Handy nicht zu erreichen. Aber der Junge hat den Schlüssel für die Wohnung dabei, die fast auf Ihrem Weg nach Hause liegt. Also lassen Sie Jerome bei sich in den Wagen einsteigen und machen sich auf den Heimweg. Es ist Februar, und überraschend tritt Blitzeis auf. Ihr Wagen überschlägt sich, der Schüler ist verletzt. Was ist versichert – und was nicht?

Fangen wir mit der positiven Nachricht an, dem Grundprinzip: Die Schüler sind **immer** auf dem Weg zur Schule (und zurück) versichert, **egal mit welchem Verkehrsmittel** sie den Weg zurücklegen. Die Schüler sind **immer** auf dem Weg zu schulischen Veranstaltungen (und von dort zurück) versichert, **egal mit welchem Verkehrsmittel** sie den Weg zurücklegen. Der Schüler ist folglich – wie jeder Arbeitnehmer – über die gesetzliche Unfallversicherung (Landesunfallkasse) versichert.

Nun kommen die unangenehmen Einschränkungen, wobei die erste kein großes Problem darstellt. Versichert sind nur die Körperschäden, nicht jedoch etwaige Sachschäden. Falls der Junge sich also bei dem Unfall seinen Pullover zerrissen hätte, so wäre das nicht gedeckt. Ich glaube, damit können wir notfalls leben.

Wenn Sie diesen Unfall allerdings **grob fahrlässig** verschuldet hätten, weil Sie auf der Fahrt wieder mit dem Handy telefoniert haben, müssten Sie etwaige Forderungen nach Schmerzensgeld privat begleichen.

Und schließlich dürfen Sie nicht davon ausgehen, der Schaden an Ihrem Auto würde großzügig vom Land übernommen. Nein, Sie müssten diesen Schaden privat so abwickeln, als wären Sie alleine in Ihrem Auto gefahren. Diese Einschränkungen führen zu der Erkenntnis, dass die Mitnahme im privaten Pkw nicht die beste Möglichkeit ist. In der

Regel sehen die Fahrtenerlasse der Länder folgende Reihenfolge vor: Um Schüler zu befördern, stehen an erster Stelle öffentliche Verkehrsmittel. Wenn das nicht möglich ist, sind kommerzielle Busunternehmen zu nehmen. Und erst, wenn auch das nicht geht oder unverhältnismäßig teuer ist, kommt die Beförderung mit privaten Fahrzeugen in Frage. Für diesen Fall ist es aber beruhigend zu wissen: Die Körperschäden der Schüler sind versichert. Alle oben genannten Grundsätze gelten gleichfalls, wenn Eltern andere Kinder oder wenn volljährige Schüler andere Schüler mit ihrem Auto befördern.

Klassen- und Kursfahrten

Das nenn' ich mal ne entspannte Kursfahrt!

Warum ein separates Kapitel zu Klassenfahrten? Ganz einfach deshalb, weil die Zeit fernab des Schulortes im Vergleich zur klar geregelten Zeit in der Schule einige Besonderheiten aufweist: Erstens verschwimmen in vielen Fällen die Grenzen zwischen schulischer Pflichtveranstaltungen und Freizeit. Zweitens entsteht durch die Phasen der Freizeit eine deutlich gelockerte Gesamtsituation. Deswegen lieben Schüler ja diese Fahrten, während viele Lehrkräfte sich inzwischen nicht mehr darum reißen und lieber Unterricht machen. Drittens muss unter Zeitdruck und ohne Konferenz entschieden werden, was belastende Reaktionen gegen problematische Schüler erheblich erschwert. Dies alles rechtfertigt ein Extrakapitel.

48. Kann ich einen problematischen Schüler schon vorher von einer Klassenfahrt ausschließen?

Ja, das ist möglich – und oft sogar sinnvoll. Denn präventives Handeln eliminiert bereits im Vorfeld das Auftauchen disziplinarischer Probleme. Das ist immer leichter, als später auf der Klassenfahrt belastende Maßnahmen durchsetzen zu müssen.

Zunächst jedoch eine kritische Vorbemerkung: Ich habe nie verstanden, warum manche Lehrkräfte problematische Schüler mit auf eine Klassenfahrt nehmen. Wenn diese Schüler schon im regulären, geregelten Schulbetrieb nicht den Anweisungen der Lehrkraft folgen, warum sollten sie es dann in der gelockerten Situation einer Klassenfahrt tun? Diese Vorstellung finde ich etwas naiv. Denn gerade solche Schüler wissen genau um die eingeschränkten disziplinarischen Möglichkeiten der Kollegen.

Natürlich kenne ich die typische Argumentation der wohlwollenden Lehrkräfte: Es gehe darum, diese problematischen Schüler zu integrieren. Das ist ein lobenswertes Ziel. Falls Sie also derselben Meinung sind und die damit verbundenen Unannehmlichkeiten auf sich nehmen wollen, dann ist das Ihre Entscheidung. Aber sagen Sie hinterher nicht, ich hätte Sie nicht gewarnt.

Nun zu den Kollegen, die sich vorstellen können, einen solchen Schüler gar nicht erst mit auf die Klassenfahrt zu nehmen. Das ist immer möglich, sofern Sie zwei Schritte vorschalten. Zum einen sind Schüler und Eltern vorher über diese Möglichkeit zu informieren, und zwar am besten schriftlich. In dem Moment, in dem Schüler oder Eltern den Wunsch nach einer Klassenfahrt an Sie herantragen, sollten Sie unmissverständlich klarstellen: Sie stehen einer Klassenfahrt grundsätzlich aufgeschlossen gegenüber, aber wer ab heute die Schulregeln bzw. Ihre Anweisungen gravierend missachtet, muss damit rechnen, von der Fahrt ausgeschlossen zu werden.

Sobald ein Schüler einen solchen Verstoß begeht, erhält er die erste (**und letzte!**) Verwarnung, und ihm bzw. seinen Eltern wird (**schriftlich!**) verdeutlicht: Beim nächsten Regelverstoß erfolgt der Ausschluss von der Klassenfahrt. Dadurch sind Sie, was Ihr Verhalten im Vorfeld angeht, juristisch auf der sicheren Seite. Sowie der Schüler bei einer weiteren schweren Verfehlung ertappt wird, können Sie ihn von der Fahrt ausschließen. Denn dieser Schüler ist offensichtlich unbelehrbar. Weder die Ankündigung Ihres Vorgehens noch die Verwarnung konnten ihn dazu bewegen, sich an die Regeln zu halten. Und auch der Einfluss der Eltern ist offensichtlich zu gering, um eine Verhaltensänderung zu bewirken.

In den meisten Bundesländern ist die Nichtmitnahme auf eine Klassenfahrt eine **Ordnungsmaßnahme**, für die ein Konferenzbeschluss erforderlich ist. Aber selbst in den Ländern, wo dies nicht der Fall ist (z. B. Niedersachsen), sollten Sie die Entscheidung über die Klassenkonferenz laufen lassen. Das ist für Sie der deutlich bessere Weg, weil man Ihnen nun nicht vorwerfen kann, Ihre persönliche Ablehnung des Schülers habe zum Ausschluss von der Klassenfahrt geführt. Denn jetzt wird die Entscheidung von allen Kollegen getragen, die diesen Schüler auch kennen und sein Verhalten beurteilen können.

49. Bin ich auf einer Klassenfahrt eigentlich 24 Stunden im Dienst?

Diese Frage taucht nie so klar auf wie hier in der Überschrift. Meist geht es um konkrete Situationen, die nach dem »Zapfenstreich« oder während der Freizeit stattfinden, für die sich die Kollegen eine Lösung wünschen. Um all‘ diese Einzelprobleme in einem Zug zu behandeln, widme ich mich jetzt der oben genannten Kernfrage.

Nein, Sie sind während einer Klassenfahrt nicht 24 Stunden im Dienst, allerdings müssen Sie ständig irgendwie erreichbar sein, sind also »in Bereitschaft«.

Machen wir es konkret und begeben wir uns mit Ihrer 8. Klasse, mit der Sie eine mehrtägige Fahrt unternehmen, in eine Jugendherberge. Um 23 Uhr soll Nachtruhe sein, das heißt, alle sind in ihren Zimmern und liegen in ihren Betten, das Licht wird gelöscht. Was bedeutet das für Sie? So ganz allmählich kündigt sich endlich Ihr Feierabend an. Sie dürfen alleine (oder mit Ihrer Begleitperson) in Ihrem Zimmer sitzen und sich ein Gläschen Wein gönnen, während Sie darauf warten, dass es ruhig wird. Damit wir uns nicht missverstehen: Sie können sich nicht betrinken! Aber ein Gläschen Wein ist in dieser Übergangsphase schon erlaubt.

Sobald alles ruhig ist, beginnt Ihr »Bereich der privaten Lebensführung«, wie ihn die Juristen nennen. Normale Menschen sagen »Freizeit« dazu. Jetzt dürfen Sie duschen und endlich schlafen, um sich für den nächsten anstrengenden Tag auszuruhen. Falls nun zwei Schüler sich heimlich den Wecker stellen, nachts um 3 Uhr aus dem Obergeschoss des Gebäudes steigen und sich dabei verletzen, so ist das nicht Ihr Problem. Wie sollen Sie etwas verhindern, das hinter Ihrem Rücken geschieht?

Wenn jedoch um Mitternacht ein Schüler mit einer klaffenden Wunde vor Ihrer Tür steht, weil er aus dem Bett gefallen ist, können Sie ihn nicht abweisen, weil jetzt Ihre Freizeit sei. Dann sind Sie leider punktuell wieder im Dienst. Deshalb dürfen Sie sich ja auch nicht betrinken. Und ganz wichtig: Das Gläschen Wein (oder Bier) können Sie auf Ihrem Zimmer oder im Gemeinschaftsraum der Jugendherberge trinken, aber Sie dürfen nicht das Gebäude verlassen, um in der gegenüberliegenden Kneipe Ihren Schlummertrunk zu nehmen. Schließlich müssen Sie bei einem Notfall schnell vor Ort sein.

Anders ist es bei einer Tagesfahrt in eine Großstadt, in der Sie vormittags mit Ihren Schülern einen Museumsbesuch durchführen. Nachmittags haben die Schüler Freizeit und können in der Innenstadt bummeln. Sofern es sich nicht um Grundschüler handelt, haben auch Sie jetzt frei und brauchen nicht neben Ihren Schülern herzulaufen. Sie dürfen sich ebenfalls frei bewegen und in ein Café setzen oder ins Kino gehen. Allerdings müssen Sie über Ihr Handy im Notfall zu erreichen und notfalls schnell vor Ort sein. Folglich können Sie sich räumlich nicht zu weit von der Innenstadt entfernen. Außerdem sollten die Schüler immer mindestens zu zweit sein und wissen, wie sie sich bei einem Notfall zu verhalten haben. Man glaubt es kaum, aber einige Schüler wissen immer noch nicht, dass die 112 die zentrale Notrufnummer in Deutschland ist. Andere vergessen dies im Stress eines Unfalls, rufen stattdessen ihre Eltern an und verlieren so wertvolle Minuten. Es lohnt sich also, diese Dinge vor einer Fahrt zu wiederholen.

50. Dürfen volljährige Schüler auf der Klassenfahrt rauchen oder Alkohol trinken?

Auch wenn es Sie erstaunt: Warum eigentlich nicht? Allerdings hängt das davon ab, über welche Zeit wir reden. Aber dazu gleich mehr. Hier haben wir eine Frage, die vor allem an Berufs- bzw. Berufsbildenden Schulen auftaucht, manchmal aber ebenso an gymnasialen Oberstufen. Meist werden die Fragesteller von den übrigen Kollegen schief angesehen, weil diese meinen, es sei pädagogisch völlig daneben, volljährige Schüler auf der Klassenfahrt rauchen oder Alkohol trinken zu lassen. Ich sehe das nach über 30 Jahren Schulpraxis anders und finde, die Fragenden sind einfach nur realistisch. Ich glaube, dass auf fast allen Klassenfahrten (von der 9. Klasse an aufwärts) heimlich geraucht oder Alkohol konsumiert wird. Das ist natürlich verboten, und mir geht es keineswegs darum, jungen Schülern das Rauchen oder Trinken zu erlauben.

Aber die Frage sollte doch erlaubt sein, wie es mit denjenigen aussieht, die älter sind und deshalb zu Hause **völlig legal** rauchen oder Alkohol trinken dürfen. Verlieren sie diese Rechte, nur weil sie jetzt auf einer Klassenfahrt sind? Bei dieser Frage gibt es eine juristische und eine pädagogische Antwort. Fangen wir mit der juristischen Seite an: Wer sich die entsprechenden Bestimmungen über Klassenfahrten durchliest, findet dort meist die Aussage, **während schulischer Veranstaltungen** – und dazu gehören Klassenfahrten – seien Tabak und Alkohol verboten. Das scheint völlig klar zu sein, ist es aber nicht. Schließlich gibt es auf einer Klassenfahrt neben dem offiziellen Teil (Museumsbesuch) ebenfalls Bereiche der privaten Lebensführung (individuelles Bummeln in der Innenstadt), also das, was man allgemein als Freizeit bezeichnet. Wenn in dieser Zeit den Schülern etwas passiert, sind sie nicht mehr über die »Schulversicherung« versichert, sondern nur noch privat. Solche Phasen der Freizeit gehören folglich juristisch nicht zur Schulveranstaltung. Und jetzt kommt die entscheidende Frage: Warum soll ein volljähriger Schüler, der passionierter Raucher ist, in dieser Zeit nicht eine Zigarette rauchen dürfen? Denn die oben genannten Bestimmungen treffen auf die Freizeit ja nicht zu.

Die Frage lässt sich im Übrigen genauso auf Lehrkräfte übertragen. Dürfen sie während der gesamten Zeit einer Klassenfahrt, also **auch in den Bereichen ihrer privaten Lebensführung**, keine einzige Zigarette rauchen, keinen einzigen Schluck Alkohol trinken? Wenn das wirklich so wäre, würde sich vermutlich kaum noch jemand finden, der eine Klassenfahrt begleitet. Davon abgesehen, finde ich keinen juristischen Grund, dies zu verbieten.

Nun endlich kommt der pädagogische Aspekt. Ich meine nicht, dass Schüler auf einer einwöchigen Klassenfahrt unbedingt rauchen oder trinken müssen. Aber ich habe leicht reden. Ich bin Nichtraucher und trinke nur zum Essen gelegentlich ein Glas Wein oder Bier, könnte folglich eine Woche problemlos ohne Tabak und notfalls sogar ohne Alkohol überstehen. Wenn Sie es also für pädagogisch sinnvoll (und realistisch!) halten, dass Schüler, die zu Hause legal rauchen und trinken dürfen, während der gesamten Fahrt keine einzige Zigarette rauchen, kein einziges Bier trinken, dann können Sie das so festlegen. Schließlich sind Sie die verantwortliche Lehrkraft und bestimmen die Regeln, dürfen dies folglich verbieten. Das sollten Sie den Schülern jedoch fairerweise **vorher** sagen.

Allerdings können Sie davon ausgehen, dass etliche Schüler dies dann heimlich machen. Deshalb sollten Sie sich genau überlegen, wie Sie reagieren, falls Sie einen Schüler in seiner Freizeit rauchend erwischen. Wollen Sie den Schüler wegen dieses »Verstoßes« sanktionieren oder wollen Sie wegschauen und sich einreden, die Schüler würden sich an Ihre Regeln halten? Die erste Variante wäre konsequent, die zweite wäre pädagogisch wenig überzeugend.

Die dritte Variante besteht darin, im Rahmen der gesetzlichen Vorgaben **für die Freizeit** bestimmte Dinge freizugeben. Dass die Schüler sich in dieser Zeit nicht hemmungslos betrinken dürfen, ist hoffentlich einsichtig. Damit kommen wir zur Frage der Abgrenzung zwischen erlaubtem und übermäßigem Alkoholgenuss. Wie stellt man ein Überschreiten fest? Mit einem Alkoholtest. Erste Berufsschulen haben bereits ein Alkoholtestgerät (ca. 200 Euro) angeschafft, andere besorgen sich aus Frankreich (oder aus dem Internet) diese kleinen Teströhrchen (ca. 2,50 Euro/Stück), mit denen man schnell und sicher feststellen kann, ob jemand betrunken ist. Sollte ein Schüler sich weigern, ins Röhrchen zu blasen, dann spricht der **Anschein gegen ihn**. Denn wer die Möglichkeit, sich zu entlasten, nicht nutzt, bei dem darf man begründet davon ausgehen, dass er betrunken ist.

51. Darf ich mit meinen Schülern ein Spaßbad besuchen, obwohl ich kein Rettungsschwimmer bin?

Sie haben es vermutlich gemerkt. Bei dieser Frage habe ich mit dem Spaßbad gleich eine zweite Schwierigkeit eingebaut. In der Regel wollen die Kollegen nur wissen, wie es mit dem Besuch eines ganz normalen Schwimmbades aussieht. Aber wenn wir schon dabei sind, können wir auch den großen Rundumschlag machen und die Spaßbäder mit einbeziehen. Die bestehen nicht aus einem rechteckigen 25-Meter-Becken, das gut zu überschauen ist. Stattdessen sind es mehrere – meist geschwungene – Becken, die miteinander verbunden sind. Es gibt Rutschen, Wildwasserkanäle, in die man hineingezogen wird, und Tunnel, durch die man tauchen kann. Solche Bäder bereiten enorm viel Spaß, deswegen heißen sie ja auch so, sind aber kaum zu beaufsichtigen. Weder Sie noch die dort anwesenden Bademeister (Schwimmmeister) können eine lückenlose Aufsicht sicherstellen.

Das sollte man den Eltern vorher sagen, damit die nicht glauben, es ginge in eine normale, gut zu überschauende, Badeanstalt. Denn schließlich müssen die Eltern dem Besuch eines Bades zustimmen, sofern es sich nicht um den verpflichtenden Schwimmunterricht der Schule handelt.

Nun also zum Schwimmbadbesuch während einer Tages- oder Klassenfahrt. Unter welchen Bedingungen Sie dort mit Ihren Schülern hineingehen können, hängt von Ihrem Bundesland ab. Es gibt Bundesländer (wie NRW), die hier ganz rigoros sind und von der begleitenden Lehrkraft einen Rettungsschein fordern. Und nicht nur das. Es reicht nicht, irgendwann einmal den Rettungsschein abgelegt zu haben, sondern die »Rettfähigkeit« ist regelmäßig (meist alle drei Jahre) zu erneuern. Diesen hohen Standard über Jahrzehnte hinweg zu halten, schaffen nur die Sportkollegen. Für normale Lehrkräfte, sofern sie nicht gerade ehrenamtlich im DLRG tätig sind, ist das kaum zu leisten.

Daneben gibt es Bundesländer (z. B. Niedersachsen), die diesen Punkt deutlich lockerer angehen. Hier reicht es aus, wenn Sie im Bad die **allgemeine** Aufsicht übernehmen, falls ein Schwimmmeister (Bademeister) sich bereit erklärt, die **Badeaufsicht** zu übernehmen. Damit wir uns nicht missverstehen: Die bloße Anwesenheit eines Bademeisters genügt nicht, sondern Sie müssen mit ihm eine Absprache treffen, quasi einen mündlichen Vertrag schließen, dass er die Aufsicht über Ihre Gruppe mit übernimmt. Die Mindestvoraussetzung dafür ist jedoch bei Ihren Schülern der Jugendschwimmschein Bronze, der eigentlich am Ende der Grundschule vorliegen sollte. In der Praxis ist das leider oft nicht der Fall. Erkundigen Sie sich also, wer diese nachgewiesene Schwimmfähigkeit hat und wer nicht.

Eine dritte Variante besteht in folgender Möglichkeit, die allerdings nicht für Grundschulen zulässig ist, weil die Kleinen im Grunde rund um die Uhr eng zu beaufsichtigen sind. An weiterführenden Schulen kann ein solcher Badbesuch –

ganz individuell – in der Freizeit der Schüler stattfinden und liegt damit in der Verantwortung der Schüler bzw. deren Eltern. Für diese Variante müssen Sie im Vorfeld allerdings Folgendes beachten:

1. Informieren Sie die Eltern, dass es am Ort der Klassenfahrt ein Schwimmbad (ein Spaßbad) gibt.
2. Teilen Sie den Eltern mit, dass Sie *keine* Aufsicht übernehmen, ja nicht einmal im Bad anwesend sind.
3. Holen Sie das (schriftliche) Einverständnis der Eltern ein, worin diese erklären, ihr Kind dürfe in der Freizeit unbeaufsichtigt in das Schwimmbad.

Jetzt haben wir genau dieselbe Situation wie am Heimatort. Wenn dort die Eltern ihrem Kind erlauben, ohne Aufsicht mit Freunden in das örtliche Bad zu gehen, dann ist das zulässig.

52. Wie sieht es bei Auslandsfahrten mit der Aufsicht aus, wenn die Schüler in Gastfamilien untergebracht sind?

Ziemlich gut. Gegen Ende der Mittelstufe beginnen an deutschen Schulen die ersten Auslandsfahrten. Damit das Eintauchen in die fremde Sprache und Kultur besonders intensiv ist, werden die Schüler meistens in Gastfamilien untergebracht. Das ist eine gute Idee, die allerdings Folgen für die Beaufsichtigung der Schüler hat. Aber keine Sorge, für Sie als Lehrkraft ist das eher eine Erleichterung. Natürlich sind Sie während der gemeinsamen Unternehmungen für die Schüler verantwortlich, nicht aber während der Zeit, die die Schüler in bzw. mit ihren Familien verbringen. Dann gehen – wie bei der leiblichen Familie – Rechte und Pflichten auf die Gastfamilie über.

Was verlangt man nun von Ihnen als begleitende Lehrkraft? Sie müssen für irgendwelche Notfälle telefonisch erreichbar sein. Und falls bereits im Vorfeld klar ist, dass im Ausland bestimmte gefahrgeneigte Aktivitäten stattfinden (Besuch eines Klettergartens), dann ist dies den leiblichen Eltern vorher mitzuteilen, damit sie ihre Zustimmung geben – oder nicht.

Entschließt sich jedoch die Gastfamilie spontan, am Wochenende mit ihrem Logiergast einen Klettergarten zu besuchen, dann ist das nicht Ihr Problem. Sie brauchen auch nicht darüber zu wachen, ob alle Schüler pünktlich im Bett sind oder ob die 15-jährigen Gastschüler (nehmen wir einmal Frankreich an) nicht doch ein Schlückchen Rotwein zum Käse bekommen. Dies liegt in der Verantwortung der Gasteltern. Falls den leiblichen Eltern ein solches Risiko zu groß ist, sollte ihr Kind besser zu Hause bleiben.

53. Darf ich minderjährigen Schülern, denen es nicht gut geht, Medikamente geben?

Bitte sagen Sie nicht vorschnell nein, denn diese Frage lässt sich nicht so einfach mit ja oder nein beantworten. Das gilt im Übrigen, Sie haben es schon gemerkt, für einige Fragen dieses Buches. Und mir ist es wichtig, Ihnen nicht nur isoliert eine knappe Antwort vor die Füße zu werfen. Mein Ziel ist es vielmehr, Ihnen den Gesamtzusammenhang zu erläutern, damit Sie ähnliche Fragen ebenfalls rechtssicher entscheiden können.

Zurück zur Frage aus der Überschrift. Es hängt alles davon ab, was wir unter »geben« verstehen. Wenn in einer Klasse eine minderjährige Schülerin plötzlich Kopfschmerzen bekommt, darf die anwesende Lehrkraft ihr z. B. kein Aspirin

(ASS) geben. Denn dieses »Geben« bedeutet, eine medizinische Diagnose zu stellen und zu entscheiden: ASS (Aspirin) ist hier und jetzt das geeignete Gegenmittel. Glücklicherweise wissen inzwischen viele Kollegen, dass es Menschen gibt, die auf ASS allergisch reagieren.

Auch die Behauptung der Schülerin (»Ich nehme das immer«) kann für Sie keine Entlastung sein. Allenfalls könnten Sie ein Placebo (Milchzucker) oder ein homöopathisches Mittel (Dosierung mindestens D 24, das heißt rechnerisch kein einziges Molekül des Wirkstoffs) geben. Obwohl es eigentlich nicht wirkt, wirkt es manchmal Wunder.

Eine völlig andere Situation haben wir, falls einer Ihrer Schüler Asthma hat, Sie ihn aber trotzdem gerne mit auf die Klassenfahrt nehmen würden. Allerdings vergisst der Junge manchmal, sein Asthmaspray zu inhalieren. Also bittet die Mutter Sie, ihm das Medikament zu geben. Jetzt haben wir ein ganz anderes »Geben«, denn die Diagnose ist steht fest (Asthma), auch die Dosierung ist eindeutig (einen Hub). Sollten Sie hier immer noch Bedenken haben, könnten Sie das Spray vor den Jungen legen und ihm sagen: »Nimm es dir!«. Das heißt, dieses »Geben« wäre lediglich die Erinnerung an den Schüler, das bereits verschriebene Medikament selbst zu nehmen.

Das wahre juristische Problem steckt hinter der Frage: Was ist eigentlich, falls Sie vergessen, dem Jungen das Medikament auszuhändigen? Haften Sie dann? Die Antwort ist Nein, wenn Sie sich von den Eltern bestätigen lassen, dass Sie **keinen Auftrag** übernehmen, sondern nur eine **Gefälligkeit** leisten. Ja, ich weiß. Juristen sind manchmal in der Lage, sogar noch die dünnsten Haare zu spalten. Dafür werden sie ausgebildet und bezahlt.

Sobald Sie einen Auftrag übernehmen, haften Sie für das Vergessen in vollem Umfang. Das wollen Sie vermutlich nicht. Falls Sie hingegen aus Gefälligkeit Ihrem Wohnungsnachbarn zusagen, Sie würden sich in seinem Urlaub um seine Blumen kümmern, dann kann er sie nicht wegen eines vertrockneten Ficus Benjamin verklagen, weil Sie es vergessen haben.

Lassen Sie sich also in unserem Fall schriftlich bestätigen: Sie übernehmen keinen Auftrag, sondern leisten nur eine Gefälligkeit. Und klären Sie den Eltern vorher darüber auf, dass sogar Sie manchmal etwas vergessen. Weisen Sie also deutlich auf das Risiko hin. Wenn die Eltern das akzeptieren, haften Sie im Schadensfall nicht. Sollte den Eltern dieses Risiko zu groß erscheinen, dann bleibt der Junge eben zu Hause. Schließlich können die Eltern Sie nicht zur Verwahrung und Gabe von Medikamenten zwingen, es bleibt eine freiwillige Leistung, eine Gefälligkeit.

54. Wann ist ein Schüler während einer Klassenfahrt nicht über die Schulversicherung versichert?

Endlich einmal eine Frage, die sich schnell und ziemlich eindeutig beantworten lässt: Mit dem, was hier von den meisten Kollegen »Schulversicherung« genannt wird, ist der gesetzliche Unfallschutz durch die Unfallkassen der Länder gemeint. Versichert sind die Schüler immer während der gemeinsamen Unternehmungen, also während des Pflichtteils von Klassen- oder Tagesfahrten.

Folglich sind die Freizeit bzw. die Zeiten der »privaten Lebensführung *nicht* (über die Schulversicherung) versichert«, weil dort »eigenwirtschaftliche Tätigkeiten« stattfinden (vgl. dazu Frage 3 Dienstunfall). Nicht versichert ist also der Stadtbummel in Kleingruppen nach dem offiziellen Museumsbesuch. Nicht versichert sind auf einer Klassenfahrt die Essenseinnahme oder der Toilettenbesuch, weil die Schüler auch privat gegessen hätten oder auf die Toilette gegangen wären.

55. Bekomme ich das Geld erstattet, wenn ich einem Schüler, der sich den Knöchel verstaucht hat, eine elastische Binde kaufe?

Ja, aber kaum eine Lehrkraft stellt diese Frage, sondern zahlt das meist aus eigener Tasche, obwohl sie es gar nicht müsste. Viele Lehrkräfte wissen eben gar nicht, welche Rechte sie haben. Aber Sie erfahren es gleich. Lassen Sie mich folgende Situation konstruieren: Sie sind auf einer Klassenfahrt, und ein Schüler verstaucht sich auf einer Wanderung den Knöchel, was ziemlich schmerzhaft ist. Glücklicherweise gibt es im nächsten Ort eine Apotheke, die elastische Binden vorrätig hat. Der Schüler hat sein gesamtes Geld bereits ausgegeben, weshalb Sie die Binde kaufen. Die wird dem Schüler um den Knöchel gewickelt, so dass er jetzt bis zum Ende der Woche fast schmerzfrei laufen kann.

Die Klassenfahrt ist beendet, Sie sind wieder am Schulort und möchten gerne die Kosten der elastischen Binde von den Eltern ersetzt bekommen. Die weigern sich jedoch und vertreten den Standpunkt: Wenn ihr Junge so dämlich sei, sich den Knöchel zu verstauchen, dann solle er eben herumhumpeln. Kurzum, die Eltern sehen überhaupt keinen Grund, Ihnen das Geld zu erstatten.

Das liegt daran, weil die Eltern einen Paragrafen des wunderbaren BGB nicht kennen. Denn dieses hat tatsächlich bereits (fast) alles geregelt. Nicht nur das Recht des Imkers, seinen entflogenen Bienenschwarm auf fremden Grundstücken wieder einzufangen (§ 962), sondern ebenso die »**Geschäftsführung ohne Auftrag**« (§ 683). Und die löst in unserem Fall Ihr Problem. Dieser Paragraf besagt vereinfacht: Wenn jemand finanzielle Aufwendungen hat, um die Interessen eines anderen zu schützen, der dies nicht selbst kann, dann sind ihm diese Kosten zu ersetzen.

Wenn Sie beispielsweise einen entlaufenen Hund aufnehmen und ihn versorgen, bis zwei Wochen später der Besitzer ihn abholt, dann ist dieser verpflichtet, Ihnen die Futter- oder Tierarztkosten zu erstatten. Jetzt wieder zu unserem Fall: Sie haben folglich einen **Rechtsanspruch** darauf, die Kosten für die elastische Binde ersetzt zu bekommen. Das ist keine Großzügigkeit der Eltern, für die Sie sich bedanken müssten, sondern Ihr gutes Recht.

56. Bekommen Schüler, die überraschend an einer Fahrt nicht teilnehmen, das eingezahlte Geld zurück?

Damit Sie von den hier behandelten Fragen und Antworten maximal profitieren, nehme ich meist den schwierigsten, den kompliziertesten Fall. Denn leichte Fälle sind zwar leicht zu lösen, bringen Ihnen aber nur einen kleinen Erkenntnisgewinn.

Was heißt das konkret? In unserem Beispiel gibt es keine Reiserücktrittskostenversicherung, das wäre ja viel zu einfach. Und um es noch schwieriger (und ergiebiger) zu machen, soll die Nichtteilnahme vom Schüler *nicht* verschuldet sein. Es liegt also kein disziplinarischer Verstoß vor, der zum Ausschluss von der Klassenfahrt geführt hätte, sondern eine richtige, echte Krankheit mit ärztlichem Attest oder ein Unfall, bei dem der Schüler sich beide Beine gebrochen hat.

Nach diesen Vorbemerkungen geht es an die Beantwortung der Frage. Die Eltern des Schülers fordern das bereits eingezahlte Geld zurück. Ihre Begründung: Schließlich sei es ja nicht die Schuld ihres Kindes gewesen, wenn es nicht mitfahren könne.

Das ist unbestritten, ändert allerdings nichts daran, dass die Eltern **nicht das gesamte** eingezahlte Geld zurückbekommen. Denn dadurch würde die Klassenfahrt für die übrigen Schüler ja teurer. Lassen Sie gedanklich einmal nicht nur einen, sondern zwei, drei oder vier Schüler aus irgendwelchen Gründen ausfallen. Dann würden sich die Kosten für die übrigen Eltern deutlich erhöhen. Diese müssen sich jedoch darauf verlassen können, dass die von der Lehrkraft vorher veranschlagten Kosten für die Fahrt tatsächlich eingehalten werden. Deshalb gibt es keinen Anspruch auf Rückerstattung des gesamten Geldes.

Nun ist es aber nicht so, dass die Eltern des verunfallten Schülers gar nichts zurück erhalten. Sie bekommen **nach der Fahrt** den Teil der Kosten zurück, der eingespart wurde. Was heißt das? Unsere angenommen Klassenfahrt besteht aus einer Busfahrt und der Unterbringung in einer Jugendherberge. Wenn also die Verpflegungs- und Übernachtungskosten geringer ausfallen, als vorher veranschlagt, erhalten die Eltern natürlich dieses Geld zurück. Allerdings wird die Busfahrt ja nicht billiger, weil ein Schüler weniger mitfährt. Diesen Teil der Kosten dürfen Sie also einbehalten. Das sehen die Eltern vermutlich nicht ein, aber so ist es. Deshalb ist es ausgesprochen sinnvoll, eine Reiserücktrittskostenversicherung abzuschließen, die in einigen Bundesländern inzwischen verpflichtend ist, bevor die Fahrt überhaupt genehmigt wird. Übrigens: Das von mir Gesagte gilt natürlich erst recht, wenn der Schüler seine Nichtteilnahme wegen eines disziplinarischen Verstoßes selbst verschuldet hat.

57. Was muss ich beachten, falls ich Schüler von der Klassenfahrt zurückschicken will?

Leider eine ganze Menge. Aber es hilft nichts: Manchmal begehen Schüler während einer Klassenfahrt einen so schweren Verstoß, dass es geboten scheint, sie umgehend nach Hause zu schicken. Die Einschätzung, wann ein Verbleib bei der Gruppe nicht mehr tragbar ist, liegt erst einmal bei Ihnen als verantwortlicher Lehrkraft.

Präventiv sinnvoll ist es, Schülern und Eltern schon *vor* Antritt der Fahrt beispielhaft konkrete Verstöße zu nennen, bei denen eine vorzeitige Rückreise droht. Dies könnten sein:

- unerlaubter Alkohol- bzw. Drogenkonsum,
- schwere körperliche Aggression gegen Mitschüler,
- Aufenthalt im Zimmer des anderen Geschlechts nach dem »Zapfenstreich«,
- unerlaubtes Verlassen des Gebäudes während der Nacht.

Bestimmt fällt Ihnen noch die eine oder andere Verfehlung ein, die Sie den Eltern (und Schülern) gegenüber vorher erwähnen können.

Nun sind Sie also auf der Klassenfahrt. Ein Schüler hat einen solch schweren Verstoß begangen und Sie wollen ihn nach Hause schicken. Was ist zu beachten? Zunächst einmal müssen Sie **Rücksprache mit der Schulleitung** aufnehmen, um das Zurückschicken abzusichern. Schließlich stellt diese Maßnahme einen erheblichen Eingriff dar, für den normalerweise ein Konferenzbeschluss nötig wäre. Das ist während einer Klassenfahrt natürlich nicht machbar. Folglich benötigen Sie die Zustimmung der Schulleitung, um den Konferenzbeschluss zu ersetzen.

Des Weiteren sind die Eltern zu informieren, damit sie die Möglichkeit haben, Kosten zu sparen, indem sie z. B. ihr Kind abholen. Falls die Eltern darauf nicht eingehen, so ist das nicht Ihr Problem, und der Schüler wird auf anderem Wege nach Hause geschickt. Wie das rechtlich korrekt funktioniert, erfahren Sie unter Frage 62.

Für die Frage, ob man Schüler alleine nach Hause schicken kann, ist das Alter der Schüler von erheblicher Bedeutung. Ab dem 14. Geburtstag (Vollendung des 14. Lebensjahres) sind Schüler keine Kinder mehr, sondern Jugendliche und damit juristisch »selbstbestimmungsfähig«. Sie sind strafmündig, das heißt, Sie können das Unrecht ihrer Tat einsehen. Sie werden somit (juristisch) bereits als ziemlich vernünftig eingeschätzt. Deshalb kann man sie notfalls sogar ohne Begleitung einer Lehrkraft zurückschicken. Allerdings darf diese Rückreise nicht zu kompliziert sein und muss indirekt begleitet werden. Bei einer Bahnfahrt geschieht dies durch Kontaktaufnahme mit dem Zugbegleitpersonal, für ein etwaiges Umsteigen bietet die Bahnhofsmission auf den Hauptstrecken ihr Programm »Kids on Tour« an.

Hilfreich ist es ebenfalls, Schülern und Eltern zu verdeutlichen, dass es vom Verhalten des Schülers während der Rückfahrt abhängt, ob der Verstoß, der zur Rückfahrt führte, am Schulort noch weitere Konsequenzen hat.

Problematisch ist immer die letzte Nacht, weil es am nächsten Tag sowieso wieder nach Hause geht. Zwei Möglichkeiten haben Sie dennoch: Falls für die Schüler in den nächsten Jahren noch eine weitere Fahrt geplant ist, kann man sie bei einem schweren Verstoß in der letzten Nacht davon ausschließen. Unabhängig davon empfiehlt es sich, die Schüler am letzten Tag körperlich zu fordern, damit sie so richtig müde sind.

Umgang mit kritischen Eltern

Ach, sie wollen sicher alle beim Kollegen Wolters hospitieren.

Sie wissen es alle: Die schwierigen Schüler stellen lediglich die Spitze des Eisberges dar. Die viel größeren Probleme bereiten »kritische« Eltern. Diese begreifen sich heutzutage nicht mehr als Partner der Schule, sondern als ständig fordernde Anwälte ihrer selbstbewussten Kinder. Die Schule ist für sie ein Dienstleistungsbetrieb, der dafür zu sorgen hat, ihrem Kind den gewünschten Abschluss zu verschaffen. Sollte es auf dem Weg dahin Probleme geben, dann haben nicht die Kinder, sondern die entsprechenden Lehrkräfte versagt und können sich auf massive Beschwerden einstellen.

58. Dürfen die Eltern einfach so in meinen Unterricht kommen und ihn sich anschauen?

Die erste Möglichkeit, unliebsame Lehrkräfte unter Druck zu setzen, besteht darin, sich deren Unterricht anzuschauen. Dieses Recht der Hospitation wird den Eltern in den meisten Schulgesetzen zugestanden, und kritische Eltern kennen natürlich ihre Rechte. Allerdings ist in den rechtlichen Regelungen meist nicht präzisiert, wie ein solcher Unterrichtsbesuch korrekt abzulaufen hat. Deshalb stehen manchmal am Ende der großen Pause einige selbstbewusste Eltern vor dem Klassenraum einer Kollegin und erklären: »So, wir möchten uns heute einmal Ihren Unterricht genau anschauen.« Die Kollegin ist unangenehm überrascht und stellt sich die Frage aus der Überschrift. Hier kommt nun die Antwort:

Nein, Eltern können nicht einfach so in Ihren Unterricht hineinplatzen, um ihn sich anzuschauen, und zwar aus folgendem Grund: Obwohl die Schule ein öffentliches Gebäude ist, bedeutet das nicht, dass jedermann ohne Erlaubnis in alle Räume hineinspazieren darf. Schließlich können Sie in einem Finanzamt oder in einem Gericht auch nicht ohne Erlaubnis alle Räume betreten, denn es gibt ein **Hausrecht**, das vom Hausherrn ausgeübt wird.

In der Schule besitzen Sie das Hausrecht über Ihren Raum, in dem Sie gerade unterrichten. Das Hausrecht für die gesamte Schule liegt bei der Schulleitung, und dieses steht höher als Ihres für den einzelnen Raum. Was bedeutet das konkret? Da Sie das Hausrecht für Ihren Raum haben, dürfen kritische Eltern ihn nicht einfach so betreten. Das geht nur mit Ihrer Erlaubnis – oder aber mit der höheren Befugnis des Schulleiters.

Falls also die Eltern die Erlaubnis der Schulleitung hätten, Ihren Unterricht zu besichtigen, dann dürften sie hinein. Allerdings wäre die Schulleitung (im Sinne einer vertrauensvollen Zusammenarbeit) verpflichtet, Sie vorher darüber zu unterrichten. Man darf Sie mit einer solchen Hospitation kritischer Eltern nicht einfach überfallen. Das dürften im absoluten Ausnahmefall nur die Schulleitung bzw. die vorgesetzte Schulbehörde.

Lassen Sie uns nun unseren Ausgangsfall ein wenig abändern. Die Eltern haben die Hospitation beantragt, die Schulleitung hat den Besuch genehmigt und Sie vorab darüber informiert. Und nun sitzen ein paar Elternvertreter in Ihrem Unterricht. Erstens: Ton- oder Filmaufnahmen von Ihnen sind ohne Ihre Zustimmung natürlich verboten, schriftliche Aufzeichnungen hingegen wären zulässig. Zweitens: Den Eltern steht es nicht zu, Ihre fachlichen oder didaktischen Fähigkeiten zu beurteilen. Das dürfte allenfalls der Schulleiter, wenn er ebenfalls anwesend ist, oder ein Fachberater der vorgesetzten Schulbehörde. Die Eltern haben ebenfalls nicht das Recht, Ihren Unterricht durch Fragen oder Anmerkungen zu unterbrechen. Sie können zuhören, beobachten, sich Notizen machen und hinterher mit Ihnen darüber sprechen.

Drittens empfehle ich Ihnen, eine Person Ihres Vertrauens mit in Ihren Unterricht zu nehmen. Sollten Sie ein gutes Verhältnis zu Ihrer Schulleitung haben, so reicht es, wenn sie dabei ist. Anderenfalls sollten Sie ein Mitglied des Personalrats dazu bitten.

59. Was mache ich, wenn Eltern sich weigern, ein Zeugnis ihres Kindes zu unterschreiben?

Das ist leicht zu lösen, wie Sie gleich sehen werden. Aber zunächst eine Vorbemerkung: Dass Eltern die schlechte Note einer Klassenarbeit nicht unterschreiben, weil sie diese nicht akzeptieren, kommt relativ häufig vor. Bei einem Zeugnis ist diese Form der Verweigerung noch recht selten, sie scheint aber in Mode zu kommen. Bei dem Fall, um den es ging, hatte ein Schüler auf dem Zeugnis eine Fünf in Sport bekommen. Die unzufriedenen Eltern unterschrieben nicht auf der gepunkteten Linie, sondern vermerkten handschriftlich auf dem Blatt: »Dieses bescheuerte Zeugnis unterschreiben wir nicht!!!« Und dann folgten (recht gut leserlich) die Unterschriften der beiden Elternteile. Kein Scherz, genau so war es. Die Klassenlehrerin wandte sich an mich und fragte, wie sie weiter vorgehen solle, denn schließlich müsse sie der Schulleitung gegenüber bestätigen, dass alle Eltern die Zeugnisse zur Kenntnis genommen und unterschrieben hätten.

In diesem Fall war das ganz einfach, weil die Eltern – ohne es zu merken – die Kenntnisnahme ja bestätigt hatten. Sie waren lediglich mit einer Note auf dem Zeugnis nicht einverstanden, aber das ist eine ganz andere Geschichte. Damit kommen wir zu einem weit verbreiteten Missverständnis mancher Eltern. Sie glauben fälschlich, ohne ihre Zustimmung seien bestimmte Dinge nicht wirksam.

Lassen Sie uns nun einmal davon ausgehen, die Eltern hätten überhaupt nichts geschrieben, keinen kritischen Kommentar, keine Unterschrift. Wie geht es dann weiter?

Inzwischen müssten Sie eigentlich meinen Hang zu Vergleichen aus anderen Bereichen bemerkt haben. Wie läuft es denn ab, wenn ein Verdächtiger von der Polizei verhört wird? Darüber wird, wie Sie wissen, ein Protokoll geführt. Aber anstatt dieses zu unterschreiben, sagt der Betreffende: »Nö, das unterschreib' ich nicht!« Ist dann das Protokoll hinfällig? Natürlich nicht. Dann wird eben auf dem Protokoll vermerkt, der Verdächtige habe sich geweigert, und das Ganze wird so zu den Akten genommen. Vielleicht holt der vernehmende

Kommissar noch einen Kollegen als Zeugen, der die Weigerung später bestätigen kann, aber damit ist das Problem gelöst.

Übertragen auf die Schule bedeutet das: Wenn nicht sicher ist, ob die Eltern sich geweigert haben oder ob der Schüler das Zeugnis zu Hause tatsächlich vorgezeigt hat, dann geht das Zeugnis noch einmal als Einschreiben, am besten mit Rückschein, an die Eltern. Und beim (Einwurf)einschreiben bestätigt der Postbote, das Schreiben in den Briekasten geworfen zu haben. Damit ist es den Eltern »**zugegangen**« und somit in deren Verantwortungsbereich. Beim (Übergabe)einschreiben wird die Sendung gegen eine Unterschrift des Empfängers übergeben, und bei der sichersten Variante (mit Rückschein) erhalten Sie die Unterschrift des Empfängers als Beleg. Mehr können und müssen Sie als Schule nicht machen. Die Eltern haben die **Möglichkeit**, das Zeugnis zur Kenntnis zu nehmen, das reicht. Und natürlich ist das Zeugnis gültig, selbst wenn die Eltern es nicht unterschreiben.

60. Welche Möglichkeiten haben wir, wenn Eltern ihre Kinder nicht zum Nachsitzen schicken?

In den Fragerunden meiner Fortbildungen wird dieses Problem genau so angesprochen, also mit dem bösen Wort »Nachsitzen«. Da wir unter uns sind, können wir es weiterhin gebrauchen, nach außen sprechen wir natürlich immer vom »Nacharbeiten« inhaltlicher oder disziplinarischer Defizite.

Dass Eltern sich mit aller Macht gegen das Nachsitzen ihrer Kinder wehren, geschieht leider immer häufiger, weil ein großes Missverständnis auf Elternseite vorliegt, das ich bereits in der vorangegangen Frage thematisiert habe. An diesem Missverständnis sind einige Schulen leider nicht ganz unschuldig, weil sie viel zu nett sind.

Früher verhängte man gegen einen Schüler eine Maßnahme, teilte dies den Eltern hinterher mit – und das war's. Und da die Maßnahme bereits vollzogen war, änderten irgendwelche Einwände der Eltern an der Tatsache nichts mehr. Heute sind die Eltern vorher zu informieren, damit z. B. auf wichtige Arzttermine Rücksicht genommen werden kann. Dagegen wäre nichts zu sagen, wenn diese Information von den Eltern nicht falsch verstanden würde. Sie glauben nämlich, man würde sie um ihre Zustimmung bitten. Und ohne ihre Einwilligung dürfe die Schule nichts unternehmen. Das ist eine völlige Verkennung der Tatsachen, denn die meisten Entscheidungen der Schule sind **nicht zustimmungsbedürftig**. Wir informieren die Eltern, um mit ihnen zusammenzuarbeiten und freuen uns riesig, wenn sie unseren Beschluss unterstützen. Aber sollten sie anderer Meinung sind, so ändert das nichts an unserer Entscheidung, die Maßnahme wird trotzdem vollzogen.

Leider muss ich sagen, dass einige Schulen ihre Informationen sehr ungünstig formulieren. Wer die Benachrichtigung über das Nachsitzen mit den Worten einleitet. » Wir möchten Sie bitten, Ihr Kind am tt.mm. zum Nacharbeiten zu schicken«, braucht sich über die ablehnende Haltung der Eltern nicht zu wundern. Wie sagt schon Dürrenmatt: »Alles Unvermeidliche ist leicht.« Deshalb sollte bereits durch die Wortwahl deutlich werden, dass die Schule hier nicht bittet, sondern anordnet. Also: Wer schärfer formuliert, hat später weniger Probleme.

Natürlich gibt es Eltern, die sogar bei harten Formulierungen ihr Kind nicht zum Nachsitzen schicken. Wie geht man damit um? Im ersten Schritt klärt man die Eltern (höflich, aber sehr bestimmt) über das auf, was ich oben geschrieben habe. Zugleich kündigt man an, bei einer weiteren Weigerung das Jugendamt zu informieren. Mit folgender Begründung: Das Nacharbeiten ist eine »Verlängerung« der Schulpflicht, gehört also zur Schulpflicht mit dazu. Das heißt: Wenn Eltern das von der Schule angeordnete Nachsitzen untergraben, ist dies genauso zu werten, als würden sie ihr Kind beim Schwänzen unterstützen. Denn das Unterlaufen der Schulpflicht ist eine Form der Verwahrlosung (sogenannte soziale Verwahrlosung), von der das Jugendamt zu unterrichten ist, damit die Eltern die Beratung und Betreuung bekommen, die dem Wohl des Kindes dienen. Der Hinweis auf das Jugendamt wirkt in 90 Prozent der Fälle. Wer danach immer noch beratungsresistent ist, der muss eben die Konsequenzen tragen und sich mit den Leuten vom Jugendamt unterhalten. Beim nächsten Mal überlegen sich solche Eltern, ob es für sie nicht doch einfacher ist, ihr Kind zum Nacharbeiten zu schicken.

61. Können wir Schüler dazu verpflichten, die Räume nach dem Unterrichtsende auszufegen?

Das kommt darauf an, wie Sie es begründen. Immer mehr Schulen haben gleich zwei Probleme: Erstens ist die Zahl der Reinigungskräfte vom Schulträger in den letzten Jahren so stark gekürzt worden (manchmal auf die Hälfte!), dass die Putzfrauen es beim besten Willen nicht mehr schaffen, alles zu reinigen. Als ich in der Schule anfing, hatten die Reinigungskräfte noch genügend Zeit, um täglich sogar die Tische zu säubern. Heute schaffen sie nur noch das Allernötigste. Das wäre nicht schlimm, wenn es nicht parallel dazu das zweite Problem gäbe: Trotz Umwelterziehung und drei bis vier Papierkörben in jeder Klasse zur korrekten Mülltrennung liegt heute am Ende einer Unterrichtsstunde mehr Müll in den Unterrichtsräumen als vor 20 Jahren.

Da herumliegender Müll dazu animiert, weiteren Abfall einfach dazu zu werfen, haben einige Schulen die Notbremse gezogen und einen Ordnungsdienst eingerichtet. Dieser besteht aus zwei Schülern, die (im Wechsel mit anderen) nach Beendigung des Unterrichts, den Klassenraum ausfegen. Hiergegen wehren sich einige Eltern vehement. Schließlich seien ihre Kinder in der Schule, um etwas zu lernen und nicht als Reinigungskräfte angestellt.

Bevor ich dazu juristisch etwas sage, ein kleiner praktischer Hinweis. An Grundschulen, bei denen die Kinder die ganze Zeit in ihrem Klassenraum bleiben, ist es möglich, die Reinigung erst am Ende des Unterrichtstages durchführen zu lassen. Bei Schulen, an denen es häufigen Raumwechsel gibt und fremde Klassen in die Räume der eigenen Klasse kommen, ist das nicht sinnvoll. Wer hier erst am Ende des Unterrichtstages reinigen lässt, wird Folgendes erleben: Ihre Klasse kommt nach dem Sportunterricht wieder zurück in ihren – jetzt erheblich verschmutzten Klassenraum. Da es Kollegen gibt, die einfach in freie Klassenräume hineingehen, ohne irgendjemanden darüber zu informieren, ist es manchmal unmöglich, die Verursacher dingfest zu machen. Aber selbst wenn Sie wissen, welche Klasse vorher in Ihrem Raum war, gestaltet sich das Ganze ausgesprochen schwierig. Falls Sie mir nicht glauben, probieren Sie es aus.

Die einzig praktikable Möglichkeit besteht darin, den benutzten Raum, z. B. den Kunstraum, ausfegen zu lassen, bevor eine Klasse ihn verlässt. Das sieht also wie folgt aus: Die Stühle werden am Ende der Doppelstunde hochgestellt (sonst lässt sich nicht vernünftig fegen) und dann wird ausgefegt, sodass der Raum besenrein ist, wenn die nächste Klasse ihn betritt.

Nun – endlich – das Juristische: Sie dürfen Schüler nicht zum Ordnungsdienst heranziehen, damit der Schulträger Geld für benötigte Reinigungskräfte spart. Das lässt sich juristisch nicht halten, weil Schüler nicht als kostenlose Arbeitskräfte eingesetzt werden dürfen, um reguläre Arbeitskräfte zu ersetzen.

Völlig anders sieht es aus, wenn Sie an Ihrer Schule ein Schulprogramm haben, das neben anderen Schwerpunkten gleichfalls die **Sauberkeit zum Ziel** hat. Und der Ansatz, einen Raum so sauber zu hinterlassen, wie man ihn vorgefunden hat, ist meiner Meinung nach mehr als vertretbar. Das ist doch auch eine Form der Nachhaltigkeit, oder? Manchmal lässt sich der Müll von Schülern zwar nicht vermeiden. Aber dann ist es doch sinnvoll, wenn sie selbst dafür Verantwortung übernehmen und ihn entsorgen. Also: Ob etwas zulässig ist oder nicht, ist manchmal eine Frage der Begründung.

Die Schüler von der Mülltrennung zu überzeugen, wird allerdings immer dann schwierig, wenn es bei Ihnen so sein sollte wie an meiner letzten Schule: Dort wurde in den Klassenräumen der Müll sorgfältig in drei Papierkörben getrennt – und nach Unterrichtsende kamen die Putzfrauen und schütteten alles zusammen in einen großen Müllsack. Nachdem ein paar Schüler das mitbekommen und sofort verbreitet hatten, sank die Motivation deutlich. Schauen Sie einmal genau hin, wie das bei Ihnen abläuft. Vielleicht erleben Sie eine Überraschung.

62. Was mache ich, wenn die Eltern sich weigern, ihr Kind nach einem Verstoß von der Klassenfahrt abzuholen?

Hier haben wir die Fortführung von Frage 57, bei der es um das Zurückschicken eines Schülers von der Klassenfahrt geht. Vorausschauende Schulen lassen sich bereits auf der

Einverständniserklärung zur Klassenfahrt von den Eltern bestätigen, sie würden in einem solchen Fall ihr Kind abholen. Vor allem schwierige Eltern unterschreiben das problemlos, weil sie gar nicht die Absicht haben, ihren Jungen wegen eines Verstoßes von der Fahrt abzuholen. Sollen doch die Lehrkräfte sehen, wie sie mit ihm fertig werden! Die werden dafür bezahlt. Wenn die glauben, sie könnten ihn kontrollieren, dann aber bitte für die gesamte Zeit. Schließlich hat man sich darauf eingestellt, mal eine Woche etwas Ruhe zu haben. Und wenn die Begleitpersonen anrufen und bitten, man solle ihn abholen, dann passt es gerade nicht. Entweder hat man keine Zeit, man ist krank oder hat Handwerker im Haus, das Auto ist gerade defekt oder was es sonst noch für Gründe gibt.

Die Kollegen, von denen die oben genannte Frage kommt, könnten Ihnen noch mindestens zehn weitere Gründe nennen, warum den Eltern ein Abholen, zu dem sie sich verpflichtet haben, heute leider nicht möglich ist. Aber vielleicht klappt es morgen, wahrscheinlich eher übermorgen, ganz sicher aber am Freitag. »Rufen Sie doch morgen Nachmittag noch einmal an«.

Ja, das ist sie, die Realität, um die viele pädagogische Bücher einen weiten Bogen machen, weil sie nicht in das gewünschte Bild der vertrauensvollen Kooperation zwischen Schule und Elternhaus passt. Sie dürfen folglich damit rechnen: Bestimmte Eltern holen ihr Kind nicht ab, und zwar völlig unabhängig davon, was sie vorher unterschrieben haben. Das macht die Angelegenheit schwieriger, jedoch nicht unmöglich. Denn Sie brauchen den Eltern nur die **Möglichkeit** zu eröffnen, Geld zu sparen, indem sie ihr Kind abholen. Schlagen die Eltern dieses Angebot aus, dann schicken Sie das Kind eben auf anderem Wege zurück – und die Eltern müssen zahlen.

Da der Schüler selbst kein Geld mehr für eine Fahrkarte hat, strecken Sie dieses Geld vor und fordern es später von den Eltern zurück. Das lehnen die natürlich ab. Schließlich waren sie ja sowieso dagegen, ihren Jungen wegen dieser Lappalie vorzeitig zurückzuschicken.

Keine Sorge, Sie bleiben auf den Kosten nicht sitzen, und zwar aus folgendem Grund: Eine Klassenfahrt, die Sie durchführen, ist nämlich **nicht Ihre Privatveranstaltung**, sondern eine dienstliche Veranstaltung, die Sie für Ihre Schule, für Ihr Bundesland durchführen. Deswegen muss sie ja von der Schulleitung genehmigt werden. Und weil Sie diese Fahrt für Ihr Bundesland durchführen, übernimmt dieses Ihre Forderung, erstattet Ihnen (allerdings erst nach geraumer Zeit) die verauslagten Kosten und holt sich das Geld – notfalls auf dem Klageweg – von den Eltern zurück.

63. Reicht es, wenn mir Eltern die vergessene schriftliche Einwilligung nachträglich telefonisch zukommen lassen?

Für Tagesausflüge oder Klassenfahrten ist das Einverständnis der Eltern notwendig. Falls bei diesen Veranstaltungen interessante Aktivitäten geplant sind, gilt das in besonderem Maße. Denn folgende Regel trifft fast immer zu: Je attraktiver eine geplante Aktion ist, desto gefährlicher ist sie. Die Teilnahme an einem Schachturnier braucht nicht besonders abgesichert zu werden, der Besuch in einem Klettergarten schon.

Damit wir uns der oben gestellten Frage nähern, lassen Sie uns einmal eine Tagesfahrt mit dem Besuch eines Klettergartens annehmen, den Sie mit Ihrer Klasse geplant haben. Da es sich beim Klettern um eine gefahrgeneigte Tätigkeit handelt (vgl. Frage 42), benötigen Sie dafür das Einverständnis der Eltern. Hierfür haben Sie einen entsprechenden Bogen vorbereitet, der die Eltern über die Aktivität informiert und zugleich um ihre Zustimmung bittet.

Einen Tag vor der Fahrt haben Sie fast alle Einwilligungen – bis auf eine. Sie sagen dem betreffenden Schüler, er könne morgen gerne mitfahren, im Klettergarten herumturnen dürfe er allerdings nur mit der Zustimmung seiner Eltern. Der Junge nickt und versichert, er werde das unterschriebene Formular morgen mit zum Bus bringen.

Sie ahnen natürlich, wie es weitergeht. Der Junge hat das Formular leider zu Hause vergessen, versichert aber, seine Eltern hätten es ganz bestimmt unterschrieben. Das reicht Ihnen nicht. Aber da die Kosten bezahlt sind, lassen Sie den Jungen einsteigen und erst einmal mitfahren. Während der Busfahrt versucht der Junge, seine Eltern zu erreichen, hat irgendwann Glück und schildert seiner Mutter seine Situation. Die scheint die vorher gelieferte Version des Jungen zu bestätigen, denn dieser reicht Ihnen nun sein Handy mit den Worten: » Jetzt kann meine Mutter Ihnen selbst sagen, dass ich darf.« Damit sind wir endlich an der entscheidenden Stelle. Die Mutter gibt »fernmündlich« wie die Juristen es nennen, ihr Einverständnis, und ich komme zu der Frage, ob das ausreichend ist.

Wir befinden uns im Schulrecht, einer Unterform des Verwaltungsrechts, und da gilt für die Beweislast folgende Regel: **Jeder ist für das beweispflichtig, was er zu seinen Gunsten anführt.** Lassen Sie uns einmal annehmen, der Junge stürzt im Klettergarten ab und verletzt sich schwer. Wenn die Eltern daraufhin bestreiten, ihre Einwilligung zum Klettern gegeben zu haben, dann müssten *Sie* zu Ihrer Entlastung nachweisen, ein Einverständnis habe doch vorgelegen. Das ist schwierig bis unmöglich, falls *nur Sie* die Zustimmung am Telefon gehört haben.

Deswegen mein Rat: Sichern Sie sich ab, indem Sie sich

z. B. Zeugen verschaffen. Lassen Sie den Busfahrer, Ihre Begleitperson oder das Personal im Klettergarten mithören. Oder lassen Sie sich die Zustimmung als SMS auf *Ihr* Handy (nicht auf das des Jungen!) schicken. Oder lassen Sie, falls die Mutter noch zu Hause ist, ein Foto der unterschriebenen Einverständniserklärung machen und Ihnen auf elektronischem Weg schicken. Das mag Ihnen übertrieben erscheinen. Aber meine Aufgabe ist es, Ihnen zu zeigen, wie Sie sich rechtlich möglichst umfassend absichern können. Ob Sie das dann umsetzen oder nicht, weil Ihnen das Gehörte doch reicht, das ist Ihre Entscheidung.

64. Müssen wir Schüler vom Unterricht befreien, wenn die Eltern religiöse Bedenken gegen den Unterrichtsinhalt haben?

Nein, das müssen Sie nicht. Aber ein wenig mehr sollten Sie schon über dieses Problem wissen, weil die Schwierigkeiten mit solchen Eltern zunehmen. Vor 20 Jahren war diese Frage noch kein Thema, über das man sich ernsthaft den Kopf zerbrechen musste. Heute möchten die Eltern ihre Kinder von allem verschont sehen, was ihnen nicht gefällt. Sie glauben, sie seien in einem Restaurant, wo sie den als Beilage vorgesehenen Reis, den sie nicht mögen, durch Pommes Frites ersetzen lassen können.

Diese Wünsche zurückzuweisen, fällt der Schule immer dann schwer, wenn die Forderung der Eltern religiös begründet wird. Denn aus etlichen Gerichtsurteilen weiß inzwischen fast jeder, welch hohes Gut die Religionsfreiheit ist. Wo also verläuft die Grenze zwischen berechtigten und übertriebenen Forderungen der Eltern?

Das Bundesverwaltungsgericht (BVerwG) hat dies im sogenannten Krabat-Urteil von 2013 geklärt. Für diejenigen, die dieses Jugendbuch nicht kennen, jetzt eine Zusammenfassung: Während des Dreißigjährigen Krieges kommt ein netter Waisenjunge (Krabat) zu einem bösen Müller und erlernt dort nicht nur die Getreideverarbeitung, sondern daneben die Schwarze Kunst des Zauberns mit erstaunlichen Darbietungen. Dank der Liebe zu einem Mädchen stirbt der böse Müller, Krabat wird gerettet, und alles wird gut.

Religiöse Eltern wandten sich gegen die Lektüre des Buches, weil es sich mit Zauberei beschäftigt, ein Thema, mit dem sie sich auf Grund ihrer Religion nicht einmal ansatzweise befassen dürfen. Die Eltern forderten hartnäckig, ihrem Jungen die Lektüre des gefährlichen Buches zu ersparen und gingen durch alle Instanzen, allerdings ohne Erfolg.

Das BVerwG gab in seinem Urteil die Antwort auf die Frage aus der Überschrift, indem es feststellte: Die **regulären Unterrichtsinhalte** sind für alle Schüler verpflichtend. Es gibt keinen Anspruch auf einen **Konfrontationsschutz**, durch den ein Schüler das Recht hätte, aus religiösen Gründen von bestimmten Inhalten verschont zu bleiben. Na bitte. Mit diesem Urteil hat das BVerwG einen Gegenpol zur sehr entgegenkommenden Rechtsprechung der vorausgegangenen Jahre geschaffen. Zu Recht, wie ich finde.

Denn schließlich bleibt es den Eltern unbenommen, ihr Kind vorher zu »immunisieren«, indem sie ihm erklären, das in der Schule zu lesende Buch sei abgrundtief schlecht und solle gleich wieder vergessen werden. Und nach der Lektüre können die Eltern ihr Kind wieder gedanklich »reinigen«, wozu sie jahrelang Zeit haben. Der befürchtete negative Effekt kann folglich von den Eltern fast vollständig eliminiert werden.

Das BVerwG hat vermutlich bedacht, welche Konsequenz ein anderslautendes Urteil gehabt hätte. Welche Unterrichtsinhalte wären dann nicht mehr (für alle Schüler) möglich? Goethes Zauberlehrling, Harry Potter, Mozarts Zauberflöte, Shakespeares Macbeth, Storms Schimmelreiter, alle griechischen oder germanischen Sagen, die meisten Märchen, um nur die wichtigsten zu nennen. Und auch mindestens die Hälfte aller Kunstbilder dürfte dann nicht mehr gezeigt werden. Wir danken also dem BVerwG für dieses praxisnahe Urteil.

65. Dürfen muslimische Schüler in der Schule (öffentlich) beten?

Na ja, das kommt darauf an. Sie haben vielleicht von dem zentralen Urteil zu diesem Thema (BVerwG vom 30.11.2011) gehört. Aber dieses Urteil ist komplizierter, als es vielfach in Presse und Öffentlichkeit dargestellt wurde. Manchmal liest man dort, Schüler dürften in der Schule öffentlich beten, was stimmt. Manchmal liest man, Schüler dürften nicht öffentlich in der Schule beten, was ebenfalls stimmt. Manchmal liest man dort, Schüler hätten einen Anspruch auf einen Gebetsraum, was stimmt. Manchmal liest man, Schüler hätten keinen Anspruch auf einen Gebetsraum, was ebenfalls stimmt.

Spätestens jetzt müssten Sie Zweifel an meinem Geisteszustand (oder an dem des Gerichts) haben. Lassen Sie mich trotzdem versuchen, das 14 Seiten lange Urteil in eine verständliche Kurzfassung zu bringen: Der muslimische Schüler eines Berliner Gymnasiums breitete in der großen Pause auf dem Flur seine Jacke aus, kniete darauf und verrichtete sein Gebet. Als er das am nächsten Tag wiederholen wollte, untersagte es ihm zunächst die Schulleitung, später ebenso die Kultusverwaltung. Dagegen klagte er und die Sache ging bis vor das BVerwG.

Das Gericht stellte fest: Der Schüler habe grundsätzlich das Recht, in den Pausen in der Schule zu beten. Die Tatsache, dass andere Schüler dies sehen und sich vielleicht daran stören, spreche nicht dagegen, weil diese Schüler auch auf anderen Wegen zu ihren Pausenbereichen gelangen könnten. Ihre Beeinträchtigung sei also minimal.

Allerdings – und das ist wichtig – gab es an dieser Schule schon vorher einige Religionskonflikte unter Schülern, weshalb zu befürchten war, diese könnten sich verstärken und den Schulfrieden gefährden. Darum habe die Schule das Recht, das öffentliche Beten auf dem Schulflur zu unterbinden.

Der Anwalt des Jungen hatte mit einer solchen Entscheidung gerechnet und für diesen Fall beantragt, dem Jungen einen Raum zuzuweisen, in dem er ungestört beten könne. Ein solcher Raum war an der Schule vorhanden. Aufgrund der Probleme des öffentlichen Betens sprach das Gericht dem Jungen grundsätzlich zu, diesen »Gebetsraum« nutzen zu dürfen.

Allerdings gab es in diesem Raum schon vorher heftige religiöse Auseinandersetzungen zwischen strenggläubigen und liberaleren Schülern, so dass man den Raum wieder geschlossen hatte. Die Schule sah sich nicht in der Lage, **mehrere** Räume einzurichten bzw. im vorhandenen Raum Abtrennungen für die unterschiedlichen Glaubensrichtungen einzurichten. Diese praktischen Probleme akzeptierte das Gericht. Es stellte (erneut) den **Schulfrieden** höher als das individuelle Recht auf ein Gebet. Folglich bekam der Schüler zwar theoretisch Recht, hatte praktisch aber keinen Erfolg, weil es eben an seiner Schule die schon genannten Probleme gab.

So, jetzt sind Sie deutlich besser informiert als viele Presseorgane, die sich immer nur den Teil des Urteils herauspicken, der ihnen gefällt oder besonders spektakulär ist.

Was bedeutet das für Ihre Schule? Nun die Zusammenfassung der Zusammenfassung: Solange sich durch das öffentliche Beten religiöse Konflikte nicht verstärken, darf der Schüler auf dem Flur (oder Pausenhof) beten. Falls es Probleme gibt, ist dem Schüler der Zugang zu einem Raum zu gewähren, in dem er beten kann. Wohlgemerkt, es braucht dafür kein Raum geschaffen zu werden, sondern er hat lediglich das Recht, einen sonst nicht (oder kaum) genutzten Raum dafür aufzusuchen. Sollte es jedoch in diesem »Gebetsraum« wieder zu Religionskonflikten kommen, kann die Schule ihm das Beten in der Schule sogar untersagen, um den Schulfrieden zu wahren. Ich weiß, das war recht kompliziert, aber dafür stimmt es jetzt.

66. Worauf müssen wir im Ramadan bei muslimischen Schülern Rücksicht nehmen?

Diese Frage höre ich nicht nur an Schulen mit hohen Ausländeranteil, sondern ebenso dort, wo vielleicht nur zwei oder drei Schüler muslimischen Glaubens sind. Schließlich möchten die Kollegen in Bezug auf religiöse Forderungen nichts falsch machen und sich nicht dem Vorwurf aussetzen, sie würden Grundrechte missachten.

Reden wir nun also über den Ramadan, der sich von Jahr zu Jahr etwa zwei Wochen nach vorne verschiebt und deshalb auch in den Sommer bzw. in die warme Jahreszeit fallen kann. Im Jahr 2020 dauert er vom 23. April bis zum 23. Mai. Und selbst im Mai kann es manchmal schon mollig warm werden.

Während ich dies schreibe (Mai 2018), haben wir draußen 33 Grad im Schatten, und ich bin froh, in meinem relativ kühlen Arbeitszimmer zu sitzen.

Das Problem des Ramadan besteht nicht darin, von Sonnenaufgang bis Sonnenuntergang (im Sommer stramme zwölf Stunden!) nichts zu essen. Wer den Ramadan wirklich ernst nimmt, darf in dieser Zeit ebenfalls nichts trinken, nicht einmal einen Schluck Wasser. Das ist unter gesundheitlichen Aspekten mehr als bedenklich, aber da es ein freiwilliger Verzicht ist, enthalte ich mich jeglicher Kritik.

Wenn nun in dieser Zeit in der Schule schweißtreibender Sport – wohlmöglich noch unter glühender Sonne – auf dem Programm steht, kann man sich vorstellen, welche enorme (und gefährliche) Belastung das für den Körper darstellt. Bereits für die weniger gravierende Belastung durch erhöhte Ozonwerte besteht in einigen Bundesländern die Vorgabe, grundsätzlich keinen Sportunterricht unter freiem Himmel durchzuführen.

Also, muslimische Schüler/innen brauchen während des Ramadan bei sommerlichen Temperaturen nicht am praktischen Sportunterricht teilzunehmen. Mehr noch, als Lehrkraft gebietet es Ihre Fürsorgepflicht, Schüler auf diese Möglichkeit hinzuweisen. Sollten die Schüler älter als 14 Jahre (und damit selbstbestimmungsfähig) sein, so könnten sie sich auch *für* den Sportunterricht entscheiden. Bei jüngeren Schülern entscheiden das grundsätzlich die Eltern. Sollten diese jedoch keine Entscheidung getroffen haben, dürften Sie notfalls das Kind vom Sportunterricht freistellen, wenn Sie Sorgen um die Gesundheit haben.

Allerdings gilt hier das Gleiche wie bei Schülern, die ihr Sportzeug vergessen haben (Frage 17). Sie haben **nicht schulfrei**, sondern leisten den Sportunterricht in theoretischer Form ab. Sie können im Schatten sitzen, von dort aus zuschauen und ein Protokoll führen, sie können in einem Klassenraum sitzen, ein Kapitel über den Langstreckenlauf durchlesen und dann in eigenen Worten schriftlich zusammenfassen.

Zum Schluss etwas über den Ramadan, das wenig bekannt ist: Da der Ramadan eine Zeit der inneren Reinigung darstellt, verzichten einige strenggläubige Muslime in der Zeit von Sonnenaufgang bis Sonnenuntergang sogar auf Musik. Es könnte folglich sein, dass muslimische Schüler sich weigern, westliche Musik zu singen oder zu hören. Das ist selten, aber ich kenne einige Schulen, an denen es deswegen Auseinandersetzungen mit den Eltern gab.

Anders als beim Sportunterricht, wo eine Befreiung aus gesundheitlichen Gründen nicht verwehrt werden kann, ist hier die rechtliche Situation anders. Falls Sie die Auseinandersetzung mit Schülern und Eltern nicht scheuen, könnten Sie auf eine Teilnahme am Musikunterricht bestehen (vgl. Krabat-Urteil, Frage 64). Anderenfalls setzen Sie einem solchen Schüler einen Gehörschutz auf und lassen ihn etwas aus dem Musikbuch abschreiben.

Disziplinprobleme und Maßnahmen

Vermutlich sind es nicht mehr als 10 Prozent aller Schüler, die wiederholt für Probleme sorgen. Aber diese Schüler bereiten viel Arbeit und Ärger, verursachen schlaflose Nächte oder begünstigen Magengeschwüre. Da zudem die Eltern solcher Schüler vermehrt gegen schulische Disziplinarmaßnahmen vorgehen, ist es wichtig, genau zu wissen, was man als Lehrkraft darf – und was nicht.

67. Kann ich störende Schüler innerhalb des Klassenraums umsetzen?

Sie werden es kaum glauben, aber es ist wahr. Es gab tatsächlich Eltern, die gegen diese Entscheidung einer Lehrkraft geklagt haben. Der Fall ist schnell erzählt: Eine Lehrerin hatte in ihrem Unterricht einen Schüler, der sich ständig mit seinem Banknachbarn unterhielt und dadurch den Unterricht störte. Trotz mehrerer Ermahnungen änderte der Schüler sein Verhalten nicht, weshalb die Kollegin sich gezwungen sah, ihm einen anderen Platz im Klassenraum zuzuweisen. Das gefiel den Eltern gar nicht. Sie beschwerten sich bei der Schulleitung, die jedoch die Entscheidung der Lehrkraft deckte. Die vorgesetzte Schulbehörde stand ebenfalls hinter der Kollegin, was die hartnäckigen Eltern jedoch nicht davon abhielt, noch vor Gericht zu ziehen. Ihr Argument (kein Scherz): Durch das Umsetzen würde die tiefe Freundschaft zum Banknachbarn grausam zerstört. Das Kind sei nun so verstört, dass es zu Hause ständig weine und Angst habe, zur Schule zu gehen.

Das Gericht ließ sich von diesen dramatisch-rührenden Schilderungen allerdings nicht beeindrucken und haute den Eltern – im übertragenen Sinne – die Klage um die Ohren. Würde man das Urteil in Umgangssprache übersetzen und verkürzen, so schmetterte das Gericht das Begehren der Eltern mit den Worten: »So ein Unfug!« ab. Im Urteilstext klingt das natürlich deutlich gesetzter. Das Gericht stellte fest: Eine solche (eher organisatorische) Maßnahme sei kein Verwaltungsakt, sodass es im Grunde gar keinen Anspruch auf eine gerichtliche Überprüfung gebe. Zweitens habe der Schüler in den Pausen und nach der Schule genügend Zeit, die Freundschaft weiter zu pflegen. Und drittens sei das Umsetzen eine pädagogisch bewährte Maßnahme, was sich nicht zuletzt daran gezeigt habe, dass die Störungen aufgehört hätten.

Was kann ich diesem wunderbaren Urteil noch hinzufügen? Juristisch ist alles gesagt, aber vielleicht noch eine Ergänzung aus dem Bereich zwischen Pädagogik und Recht: Es ist eine Besonderheit des deutschen Schulwesens, den Schülern zum Beginn des Schuljahres die Wahl ihre Sitzplätze zu überlassen. In anderen Ländern läuft das anders, denn da werden die Plätze zugewiesen, was zu einer pädagogisch sinnvollen Durchmischung führt.

Bei uns wäre ein solches Vorgehen ebenfalls möglich, denn es gibt **keinen Rechtsanspruch auf einen Wunschplatz** im Klassenraum, noch weniger das Recht, unbedingt neben X sitzen zu wollen, auf gar keinen Fall aber neben Z. Diesen überzogenen Forderungen kann man nachkommen, falls man Schülern und Eltern verdeutlichen möchte: Die Schule tut alles, um individuelle Wünsche zu erfüllen. Allerdings sollte man bedenken: Auch bei der Platzwahl im Klassenraum gilt das Sprichwort: Gleich und gleich gesellt sich gern. Das heißt, nicht nur die ruhigen, braven Schüler setzen sich zusammen, sondern vor allem die anderen. Dann kommt es natürlich zu Störungen und die entsprechenden Schüler müssen damit leben, zeitweilig oder dauerhaft umgesetzt zu werden.

68. Darf ich bei Verdacht auf Diebstahl die Taschen der Schüler durchsuchen?

Nein, aber ich sage Ihnen gleich, was Sie stattdessen machen können. Hoffentlich erleben Sie nie eine Situation, in der Sie sich diese Frage stellen. Aber man weiß ja nie, und für solche Fälle ist es gut, juristisch informiert zu sein.

Glücklicherweise wird an deutschen Schulen (von Schülern) wenig gestohlen – bis auf Scheren. Offensichtlich gibt es in deutschen Haushalten, insbesondere an den Arbeitsplätzen von Schülern, einen gravierenden Mangel an Scheren. Falls Sie also irgendwann einmal einen Klassensatz mit Scheren ausgeben, empfehle ich Ihnen, diese **vorher öffentlich** laut durchzuzählen. Dann sehen die Schüler, dass sie es mit einer der wenigen Lehrkräfte zu tun haben, die einen Überblick über die Anzahl der ausgegebenen Scheren hat. Das reduziert zwar die Wahrscheinlichkeit eines Diebstahls, schließt ihn jedoch nicht völlig aus. Es sei denn, Sie fordern von jedem Schüler persönlich die ausgeliehene Schere zurück. Aber wer macht das schon? In der Regel werden die Scheren am Ende der Stunde irgendwo abgelegt. Wenn Sie jetzt, ohne nachzuzählen, diese Scheren wieder mitnehmen, umgehen Sie das Problem, weil Sie gar nicht merken, ob einige Scheren fehlen.

Aber so einfach machen wir es uns nicht, weil wir ja zu der oben genannten juristischen Frage kommen wollen. Sie haben also vorher die Scheren laut durchgezählt, tun dies am Ende der Stunde wieder und stellen fest: Eine Schere fehlt. Sie bitten die Schüler, noch einmal zu schauen, ob irgendwo eine Schere herumliegt. Ohne Erfolg. Sie gehen selbst noch einmal durch den Raum und schauen in jede Ecke. Ohne Erfolg. Sie fragen, ob ein Schüler vielleicht aus Versehen eine Schere eingesteckt hat. Die meisten Schüler öffnen ihre Taschen bzw. Rucksäcke, kramen lustlos ein wenig darin herum und schütteln ihre Köpfe. Nun ist für Sie klar: Ein Schüler hat bewusst eine Schere eingesteckt, um sie mit nach Hause zu nehmen. Wie geht es weiter?

Sie dürfen die Taschen nicht durchsuchen, weil diese einen persönlich geschützten Bereich darstellen, in den nur die Polizei eindringen darf. Deshalb ist auch ein Kaufhausdetektiv, der Sie anhält, nicht berechtigt, Ihre Tasche zu durchsuchen. Was macht er stattdessen? Er fordert Sie in scharfem Ton auf, die Tasche vor ihm auszuleeren. Das ist erlaubt. Und diesen Kniff können Sie ebenfalls anwenden. Wenn die Schüler Ihrer Anweisung folgen, dann öffnen sie freiwillig ihren persönlichen Bereich.

Allerdings müssen Sie heute mit Schülern rechnen, deren Kenntnisse recht unterschiedlich verteilt sind. Ihre Pflichten betreffend sind sie eher begrenzt, über eigene Rechte hingegen sind sie ausgesprochen gut informiert. Es könnte also sein, dass ein Schüler sich mit den Worten: »Das muss ich nicht!« Ihrer Aufforderung widersetzt. Was nun?

Jetzt greift der sogenannte **Jedermannparagraf** (§ 127 I 1 StPO), der jedem das Recht gibt, einen anderen, der auf frischer Tat ertappt wurde oder bei dem ein dringender Tatverdacht besteht, vorläufig festzuhalten, bis die Polizei eintrifft. Damit dies greift, ist erforderlich, dass der Täter unbekannt sein muss oder sich durch Flucht den Strafverfolgungsbehörden entziehen könnte. Deswegen darf der Kaufhausdetektiv einen Verdächtigen festhalten, bis die Polizei kommt. Andernfalls könnte jeder Kaufhausdieb dem Detektiv seinen Ausweis zeigen oder seine Visitenkarte hinterlassen und danach unbehelligt aus dem Kaufhaus spazieren, um die gestohlenen Sachen irgendwo zu verstecken. Diese Gefahr besteht auch bei einem namentlich bekannten Schüler.

In der Regel brauchen Sie diese Maßnahme (Herbeirufen der Polizei) bei Schülern gar nicht bis zur letzten Konsequenz durchzuziehen. Denn so genau beherrschen die Schüler die Feinheiten des Strafrechts bzw. des Jedermannparagrafen dann doch nicht. Deshalb reicht es, wenn Sie diese Möglichkeit kennen, mit Überzeugung vortragen und damit drohen, die Polizei zu rufen, die dann die Tasche(n) durchsucht. Meist führt die Ankündigung der Maßnahme schon dazu, dass der besagte Schüler sich dann plötzlich daran erinnert, eventuell doch aus Versehen die Schere eingesteckt zu haben. Na bitte, warum nicht gleich so?

69. Ist es zulässig, Schülern zu verbieten, im Unterricht auf die Toilette zu gehen?

Wenn ich die Fragen nicht thematisch, sondern nach ihrer Häufigkeit geordnet hätte, dann stünde diese in der Hitliste ganz weit oben. Und zwar, weil heutige Schüler sehr gut über ihre tatsächlichen oder vermeintlichen Rechte informiert sind. Und so behaupten Schüler immer häufiger, jetzt während des Unterrichts unbedingt auf die Toilette zu müssen. Wenn das gegen Ende einer Doppelstunde geschieht, so halten wir das noch für nachvollziehbar, wird dieser Wunsch jedoch bereits zehn Minuten nach Unterrichtsbeginn geäußert, dann erscheint er uns wenig überzeugend. So wie Sie glaube auch ich, dass die meisten Schüler gar nicht wirklich auf die Toilette müssen. Das ist jedoch völlig unerheblich.

Es geht um die Frage, ob es rechtlich zulässig ist, den Toilettengang während der Unterrichtszeit generell zu verbieten. Die Antwort wird Ihnen nicht gefallen, aber ich kann es nicht ändern: Ein Verbot des Toilettengangs ist unzulässig. Da Sie diese unangenehme Nachricht vermutlich nicht so ohne Weiteres akzeptieren, muss ich mehr liefern. Also gut.

Im Jahre 2016 hielten zwei Polizisten einen Autofahrer an, um ihn zu kontrollieren. Der Mann willigte grundsätzlich ein, wollte allerdings vorher noch auf die Toilette gehen, was die Polizisten ihm verboten. Daraufhin machte der Mann sich in die Hose. Die Polizisten wurden verklagt und (vom LG Mosbach) zu 9 000 Euro Geldbuße und sechs Monaten auf Bewährung verurteilt.

Eine Lehrerin untersagte einem Schüler, kurz nach der Pause auf die Toilette zu gehen. Der Schüler machte sich in die Hose. Gegen die Kollegin wurde ein Disziplinarverfahren eingeleitet und eine empfindliche Disziplinarbuße verhängt.

Vielleicht führen Sie jetzt als gut informierte Lehrkraft den Fall aus Dreieich (Mai 2018) an, bei der eine Kollegin einem Schüler den Toilettengang verbot (»Du bist doch ein Mann!«) und mit einem blauen Auge davon kann. Der glimpfliche Ausgang für die Kollegin lag allein darin begründet, dass hier *nichts* in die Hose ging.

Wäre das der Fall gewesen, hätte die Sache nämlich völlig anders ausgesehen. Dann hätte die Kollegin nicht nur eine Körperverletzung im Amt (§ 340 StGB) und eine Misshandlung von Schutzbefohlenen (§ 225 I StGB) begangen, sondern sich ebenfalls eines Verstoßes gegen die Menschenwürde (Art. 1 GG und Art. 3 EMRK) schuldig gemacht. Schließlich darf jeder auf die Toilette, wenn er dringend muss, sogar ein Beschuldiger während eines Verhörs.

Sich in die Hosen zu machen, ist nicht nur hochgradig unangenehm, sondern ausgesprochen peinlich, vor allem dann, wenn es vor jugendlichen Mitschüler/innen passiert. Wer das nicht nachvollziehen kann, hat vermutlich selbst noch nie erlebt, wie es ist, plötzlich ganz dringend eine Toilette zu benötigen.

Falls Sie immer noch Ihren Schülern den Toilettenbesuch während des Unterrichts verbieten wollen, stellen Sie sich einmal vor: Wegen Ihres Verbots macht sich ein Schüler in die Hosen. Was wird passieren? Die meisten Mitschüler zücken ihr Handy, die Szene wird gefilmt, ins Internet gestellt und Sie werden als dafür verantwortliche Lehrkraft an den elektronischen Pranger gestellt. Dann möchte ich nicht in Ihrer Haut stecken. Falls Sie nicht mehr befördert werden wollen und nur noch ein halbes Jahr bis zum verdienten Ruhestand haben, kann Ihnen das alles egal sein. Anderenfalls sollten Sie dieses Risiko nicht eingehen.

Welche Möglichkeiten bleiben Ihnen also? Sie können den Schüler auffordern, vor dem Toilettengang das Handy abzugeben, denn häufig ist der Besuch der Toilette nur ein Vorwand, um über das Handy mit jemandem zu kommunizieren. Bei Schülern, die während Ihres Unterrichts **häufig** auf die Toilette gehen, dürfen Sie die versäumten Minuten notieren und zusammenzählen. Und sobald eine Stunde voll ist, verschaffen Sie dem Schüler die Möglichkeit, das Versäumte nachzuarbeiten.

70. Kann ich Schüler über das Pausenklingeln hinaus im Raum halten?

Ja, aber nicht endlos lange. Was den Pausenbeginn betrifft, haben wir in Deutschland eine andere Regelung als in Frankreich oder in den USA. Wer schon einmal einen Film gesehen hat, der in einer amerikanischen Schule spielt, der weiß, wie es dort läuft: Sobald es klingelt, packen die Schüler ihre Sachen zusammen und verlassen den Raum. Keine Lehrkraft wird versuchen, das zu verhindern, nur weil sie ihren Unterrichtsstoff noch nicht ganz geschafft hat. Dort hält man sich eisern an den Grundsatz: Pünktlich anfangen und pünktlich aufhören. Das schafft für beide Seiten klare Verhältnisse.

Bei uns ist es anders. Wenn die Deutsche Bahn ihre Züge bei fünf Minuten Verspätung noch als »pünktlich« einstuft, dann wird schon eine andere Auslegung von Pünktlichkeit deutlich. Und so gilt auch für die deutsche Schule: Nicht das Klingeln eröffnet und beendet den Unterricht, sondern die Lehrkraft. Das nutzen einige Kollegen weidlich aus und beginnen erst fünf Minuten später, um als Ausgleich fünf Minuten früher aufzuhören. Aber das sind bedauerliche Einzelfälle, zu denen Sie vermutlich nicht gehören. Denn Sie beginnen Ihren Unterricht pünktlich.

Wie sieht es nun aus, dürfen Sie notfalls überziehen? Es ist schon seltsam: Bei Klassenarbeiten haben Schüler überhaupt kein Problem damit, über das Klingeln hinauszuarbeiten. Da bedarf es großer Durchsetzungsfähigkeit, sie dazu zu bewegen, die Arbeit endlich abzuschließen und sich in die Pause zu begeben. Falls Sie hingegen nach dem Klingeln noch schnell etwas vermitteln wollen, wird das als unzulässige Verlängerung der Unterrichtsstunde empfunden. Trotzdem dürfen Sie das, weil das Klingeln zum Stundenende nur ein Signal für Sie ist, den Unterricht zu beenden. Sie können also den angefangenen Satz noch zu Ende sprechen oder die Schüler auffordern, den Rest des Tafelanschriebs noch eben ins Heft zu übertragen. Das ist keine Freiheitsberaubung, wie einige kritische Eltern fälschlich behaupten. Oder ist das quälende Warten im gelandeten Flugzeug, bis die Treppe zum Ausstieg endlich angedockt ist, ebenfalls Freiheitsberaubung? Unfug.

Allerdings dürfen Sie die Schüler nicht beliebig lange im Raum festhalten und dadurch ihren gesetzlichen Pausenanspruch (vgl. Frage 81) unzulässig kürzen. Wir reden hier also über einen Zeitraum von maximal drei Minuten.

71. Ist es möglich, aufreizende oder rechtsradikale Kleidung an unserer Schule zu verbieten?

Diese Frage höre ich auf meinen Fortbildungen inzwischen recht häufig. Offensichtlich hat sich die Bekleidung von Schülern in den letzten Jahren in eine Richtung entwickelt, die viele Lehrkräfte merklich stört. Das hängt nicht zuletzt damit zusammen, dass viele Schüler den Schulbesuch quasi als Freizeit empfinden und sich dementsprechend kleiden. An dieser Einstellung sind einige Kollegen nicht ganz unschuldig, weil sie ebenfalls in typischer Freizeitkleidung zum Unterricht erscheinen und dadurch die Schüler in der Auffassung bestätigen, in der Schule könne man sich so salopp kleiden, wie man wolle.

Das kann man keineswegs, und die Schule darf sogar gewisse Formen der Kleidung vorgeben bzw. verbieten. So haben einige deutsche Schulen bereits (mit gutem Erfolg) eine Schulkleidung oder bestimmte Schulfarben der Kleidung festgelegt. Aber auch Schulen, die nicht so weit gehen wollen, dürfen einen **negativen Dresscode** erlassen. Der kann nicht das Tragen von Trainingshosen oder anderen schlabberigen Hosen untersagen. Aber bauchfreie Kleidung, riesige Dekolletés (am besten noch ohne BH!) oder fast unbedeckte männliche Oberkörper können Sie verbieten. Nicht Sie als einzelne Lehrkraft, sondern Sie als gesamte Schule. Ein solcher Beschluss ist über die Konferenzen, Schulvorstände, Schulausschüsse abzusegnen, also **demokratisch zu legitimieren**. Notwendige Voraussetzung ist folglich ein breiter Konsens über Kleidung, die für den Schulbesuch nicht mehr angemessen ist.

Warum dürfen Sie das nun? Die Begründung liegt im sogenannten **Schulzweck**. Jeder Anstalt liegt ein Zweck zugrunde, zu dem man sie errichtet: Ein Schwimmbad baut man, damit die Leute darin schwimmen können, eine Bibliothek baut man, damit die Leute darin lesen können – und Schulen baut man, damit die Schüler darin etwas lernen können. Und sobald der Anstaltszweck gefährdet ist, darf die Anstalt etwas unternehmen, um das zu unterbinden. Wer in einer Bibliothek zu laut, ist, muss damit rechnen, rausgeworfen zu werden. Damit kommen wir wieder zur Schule und zu aufreizender Kleidung. Sie lenkt ab und behindert dadurch den Schulzweck, das ungestörte Lernen. Aus diesem Grund dürfen Sie aufreizende Kleidung in Ihrer Schule verbieten.

Ähnliches gilt für Kleidung, die gerne von Rechtsradikalen getragen wird. Die Marken LO/**NSDA**/LE und CO/**NSDAP**/LE können Sie in der Schule verbieten, wenn der Träger den Schriftzug mit seiner Bomberjacke so verdeckt, dass nur der rechtsradikale Mittelteil sichtbar bleibt. Die Begründung hierfür ist der sogenannte **Schulfrieden**, also das Ziel, ein möglichst konfliktfreies Miteinander zu garantieren (vgl. Frage 65). Das bedeutet: Kleidung, die geeignet ist, Angst zu verbreiten oder Konflikte zu schüren, dürfen Sie in der Schule verbieten.

72. Können wir den Genuss von Energydrinks und Schokoriegeln in der Schule verbieten?

Natürlich bin ich Ihrer Meinung, es wäre wünschenswert, Schüler zu gesunder Ernährung zu bewegen. Allerdings ist ein so weitgehender Eingriff in die individuelle Lebensführung kaum zu rechtfertigen. Sie können die Schüler über die negativen Folgen solcher Genussmittel aufklären oder beraten. Sie dürfen Ihre Beratung monatlich wiederholen (steter Tropfen höhlt den Stein), können einmal pro Woche ein gesundes Frühstück mit Ihren Schülern organisieren oder die ungesunden Leckereien aus dem Schulkiosk verbannen bzw. deutlich reduzieren. Aber den Schülern zu verbieten, solche Produkte von Zuhause mitzubringen und in der Schule zu verzehren, lässt sich juristisch nicht durchsetzen.

Seien wir einmal ganz realistisch: Wo wollen Sie denn die Grenze ziehen? Was ist mit den üblichen Müsliriegeln, die recht viel Zucker enthalten? Was ist mit Vollkorn-Haferkeksen, die mit Schokolade überzogen sind? Was ist mit Coca-Cola? Was ist mit Traubenzucker? Ein echtes Verbot durchzuziehen, ist also nicht so ganz einfach.

Mit dieser unbefriedigenden Antwort möchte ich Sie natürlich nicht stehen lassen. Deshalb zeige ich Ihnen jetzt die

Ausnahme, mit der es möglich ist, so etwas durchzusetzen. Sie können an Ihrer Schule ein **Schulprogramm** entwickeln, das als einen wichtigen Punkt die **gesunde Ernährung** enthält. Dieses Schulprogramm ist den Konferenzen, Schulausschüssen, Schulvorständen vorzulegen und von ihnen zu billigen. Es darf also nicht nur der Wunsch einiger gesundheitsbewusster Lehrkräfte sein, sondern diese Idee muss gleichfalls von Schüler- und Elternvertretern mitgetragen werden. Ist das der Fall, könnten Sie den Genuss von Energydrinks oder Schokoriegeln in der Schule wirksam verbieten.

73. Darf ich störende Schüler aus dem Raum schicken?

Wenn ich diese Frage in meinen Fortbildungen stelle, melden sich immer sofort die jungen Kollegen, die gerade aus dem Referendariat kommen und sagen »Nein«. Das habe ihnen ihr Fachleiter gesagt, denn dadurch würden sie ihre Aufsichtspflicht verletzen. So pauschal stimmt das nicht. Sie dürfen störende Schüler des Raumes verweisen und verletzen dadurch nicht Ihre Aufsichtspflicht. Allerdings gibt es dabei einiges zu beachten.

Zunächst jedoch etwas Grundsätzliches. Die Gerichte haben immer wieder festgestellt: Schüler brauchen nicht ständig beaufsichtigt zu werden, sie müssen sich nur beaufsichtigt fühlen. Anderenfalls könnten wir Schüler in kleinen Pausen nicht allein im Klassenraum lassen, während wir den Raum wechseln. Wir dürften Schüler nicht alleine auf die Toilette lassen oder ins Sekretariat schicken, um Tafelkreide zu holen. Also: An ungefährlichen Orten dürfen wir Schüler für eine bestimmte Zeit allein lassen, ohne unsere Aufsichtspflicht zu vernachlässigen.

So, nun kommen die Feinheiten: Bei zwei Gruppen von Schülern ist Vorsicht geboten. Die dürfen Sie des Raumes verweisen, nicht aber unkontrolliert lassen, indem Sie z. B. die Tür schließen. Bei diesen beiden Gruppen handelt es sich zum einen um Grundschüler, zum anderen um Schüler, die offiziell »gestört« sind, bei denen also nachweislich ADHS oder andere psychische Störungen vorliegen. Diese Schüler sind enger zu kontrollieren. Sie müssen sie in einen Trainingsraum bzw. Betreuungsraum oder ins Sekretariat schicken, oder Sie müssen die Tür halb geöffnet lassen, um zu schauen, ob sie noch vor der Tür stehen oder sitzen. Dies gilt auch für Schüler in Bayern.

Andere störende Schüler können Sie des Raumes verweisen und, wenn Sie wollen, sogar die Tür schließen. Weisen Sie die Schüler jedoch an, vor der Tür stehen zu bleiben. Falls Sie die Tür vollständig schließen, ist es sinnvoll, von Zeit zu Zeit einen Blick vor die Tür zu werfen, um zu überprüfen, ob der Schüler Ihre Anweisung wirklich befolgt. Denn auch vor der Tür sollte der Schüler sich beaufsichtigt fühlen.

74. Ist es wirklich verboten, Schüler anzufassen?

Manchmal äußern Schüler gegenüber Lehrkräften: »Fassen Sie mich nicht an!« oder Eltern, die den Kollegen nachdrücklich erklären, sie dürften ihr Kind nicht anfassen. Weil vorsichtige Fachleiter in den Seminaren ebenfalls diese falsche Auffassung vertreten, herrscht große Verunsicherung unter den Lehrkräften. Es hilft auch nichts, bei der vorgesetzten Schulbehörde nachzufragen, denn die Auskunft lautet meist: »Sie sollten es tunlichst vermeiden, Schüler anzufassen.« Das ist immer richtig und multiinterpretabel, aber keine klare

Antwort auf eine klare Frage. Was ist denn, wenn ich es *nicht* vermeiden kann? Darf ich dann – oder darf ich nicht?

Natürlich ist es immer heikel, einen Schüler/eine Schülerin anzufassen. Dafür braucht man schon einen wichtigen Grund. Aber den gibt es ja manchmal. Nehmen wir den Sportunterricht, in dem beim Geräteturnen eine qualifizierte Hilfestellung erforderlich ist. Das können Mitschüler/innen gar nicht fachkundig leisten. Und wir alle wissen, wie die Eltern argumentieren, falls sich ihr Kind im Sportunterricht verletzt, weil keine ausgebildete Hilfestellung da war. Wie sieht es denn aus, wenn ein Schüler auf einmal einen Schwächeanfall bekommt und ohnmächtig zu Boden sinkt? Darf ich ihn dann nicht anfassen, um ihn in eine stabile Seitenlage zu bringen? Natürlich darf ich das. Also, die Aussage, man dürfe Schüler nicht anfassen, ist so generell sicher nicht zu halten.

Kommen wir nun zu einem schwierigeren Fall: Eine Kollegin verweist einen ständig störenden Schüler des Raumes. Der Schüler (elf Jahre alt) weigert sich, den Raum zu verlassen. Entschlossenen Schrittes geht die Kollegin auf ihn zu. Da der Schüler ahnt, was gleich auf ihn zukommt, klammert er sich an seinem Tisch fest. Die Kollegin zerrt ihn von dort weg und schiebt ihn auf den Flur. Nachmittags geht der Schüler mit seiner Mutter zum Arzt, der auf dem Oberarm des Jungen einen blauen Fleck in der Größe eines Ein-Euro-Stückes feststellt. Die Kollegin wird wegen Körperverletzung angeklagt, jedoch **freigesprochen**. Ich zitiere sinngemäß aus dem ausgesprochen lesenswerten Urteil (LG Berlin, 18.12.2009):

»Es liegt **keine Körperverletzung** vor, wenn eine Lehrkraft einen Schüler (ohne Züchtigungsabsicht!) am Arm ergreift und aus dem Raum bringt. Der blaue Fleck am Arm reicht für eine vorsätzliche Körperverletzung nicht aus, denn die Maßnahme hat nur der Wiederherstellung der Ordnung gedient. Dafür den Arm des Schülers zu fassen, ist nur einfacher körperlicher Zwang und in diesem Zusammenhang ein durchaus angemessenes Verhalten.«

Dann kommentiert das Gericht: »Denn welche Mittel eine Lehrkraft nutzen darf, falls ein Schüler eine Aufforderung **nicht** befolgt, ist nicht geregelt. **Lehrkräfte werden in solchen Situationen von der Kultusbehörde allein gelassen.** Die Variante, in solchen Situationen immer die Schulleitung oder die Polizei heranzuziehen, wäre ein enormer Autoritätsverlust. Es entstünde der verhängnisvolle Eindruck, eine Lehrkraft könne sich nicht einmal gegen einen elfjährigen Schüler durchsetzen.«

Um noch einmal klarzustellen: Natürlich dürfen Sie Schüler nicht körperlich züchtigen, und zwei Bereiche sind tabu: Der eine ist der Kopf, der andere sind die Geschlechtsteile. Aber Sie dürfen Schüler anfassen und notfalls sogar leichten körperlichen Zwang anwenden, um Ihre Anweisungen durchzusetzen.

75. In welchen Situationen darf ich Schüler schlagen?

Spätestens an dieser Stelle glauben Sie vermutlich, ich hätte völlig den Verstand verloren. Die zart besaiteten Gemüter werden das Buch zornerfüllt in die Ecke werfen, weil ich so unpädagogisch bin, diese böse Frage auch nur anzusprechen. Geben Sie mir ein wenig Zeit und urteilen Sie dann.

Stellen wir uns vor, eine Kollegin geht auf den Pausenhof, um dort ihre Aufsicht wahrzunehmen. Plötzlich sieht sie, wie der große kräftige Jerome-Maurice auf den kleinen Lukas eindrischt. Die Kollegin eilt hinzu und bittet Jerome, doch bitte mit dem Schlagen aufzuhören. Ohne Erfolg. Die Kollegin wird lauter, der Tonfall schärfer, sie gibt jetzt die Anweisung, den kleinen Lukas zu verschonen. Wieder ohne Erfolg. Die umstehenden Schüler rufen: »Mach‘ ihn fertig!« Das lässt sich Jerome nicht zweimal sagen. Mit der rechten Faust drischt er auf Lukas ein, mit der linken Hand würgt er ihn, sodass Lukas schon blau anläuft. Wer an dieser Stelle glaubt, ich würde eine völlig unrealistische Situation erfinden, der arbeitet in einer pädagogischen Idylle und möge sich einmal mit den Lehrkräften an Brennpunktschulen in Berlin, Frankfurt oder Gelsenkirchen unterhalten.

Nach diesem kleinen Einschub geht es weiter. Die Kollegin weiß sich in dieser Situation nicht anders zu helfen und gibt Jerome eine Ohrfeige. Der lässt daraufhin von Lukas ab und trollt sich, ruft der Kollegin aber noch zu: »Sie hören von unserem Anwalt!«

Gehen wir den Fall einmal durch: Hat die Kollegin eine Körperverletzung begangen? Ja, das hat sie, denn die Ohrfeige ist die leichteste Form der Körperverletzung. Viel wichtiger jedoch ist folgende Frage: Wird die Kollegin deswegen bestraft? Nein, und zwar weil sie in **Nothilfe** gehandelt hat.

Sie alle kennen den Notwehrparagrafen (§ 32 StGB) und wissen, was er bedeutet: Wenn ich angegriffen werde, darf ich als letztes Mittel sogar körperliche Gewalt einsetzen, um mich zu schützen. In diesem Paragrafen stehen aber ebenfalls die Wörter »**oder einen anderen**«, und das ist die sogenannte Nothilfe. Folglich durfte die Kollegin Gewalt anwenden, um die körperliche Unversehrtheit von Lukas zu sichern. Gerade in der Schule, wo Lehrkräfte eine **Fürsorgepflicht** für ihre Schüler haben, sollte man diesen juristischen Rechtfertigungsgrund für etwaige notwendige Eingriffe kennen. Um auf die Frage aus der Überschrift zurückzukommen: In bestimmten Situationen (Nothilfe) kann es also durchaus gerechtfertigt sein, wenn Lehrkräfte körperliche Gewalt gegen aggressive, gefährliche Schüler einsetzen, um dadurch schwächere zu schützen.

76. Was machen wir in Disziplinarkonferenzen, wenn Aussage gegen Aussage steht?

Sie kennen vermutlich die Situation: In einer Disziplinarkonferenz soll gegen einen Schüler eine Ordnungsmaßnahme verhängt werden. Plötzlich meldet sich ein Kollege zu Wort und wirft ein, hier könne man nichts machen, weil ja Aussage gegen Aussage stehe. Die Kollegen mit Lateinkenntnissen zitieren dann »in dubio pro reo«, womit die geplante Maßnahme meist vom Tisch ist.

Sogar die Damen und Herren der vorgesetzten Schulbehörde argumentieren gerne so, obwohl sie es als Juristen eigentlich besser wissen müssten. Sie wissen es auch besser. Aber es macht weniger Arbeit, wenn die Schule die Maßnahme zurücknimmt oder erst gar nicht verhängt. Da sagt man dem Schulleiter, der eigentlich fachkundigen juristischen Rat möchte: »Klären Sie das bitte **im Konsens** mit den Beteiligten!« Na toll, dafür hätte man nicht anzurufen brauchen, auf diese Lösung wäre man sogar alleine gekommen. Man möchte eine klare Antwort, und was bekommt man? Nichts Greifbares. Aus diesem Grund rufen viele Schulleiter schon gar nicht mehr an.

Nun also die volle Wahrheit über den Satz aus der Überschrift: Wenn Aussage gegen Aussage steht, können Sie tatsächlich nichts machen, **sofern die Glaubwürdigkeit der beiden Seiten gleich groß** ist. Aber ist sie das immer? Dies ganz generell zu behaupten, ist intellektuell schon ziemlich hart am Winde gesegelt – und juristisch schlichtweg falsch.

Das alte Mütterchen, dem zwei Jugendliche die Handtasche weggerissen haben, soll vor Gericht keine Chance haben, weil die beiden das bestreiten, obwohl sie schon mehrfach durch Eigentumsdelikte aufgefallen sind? Die Frau, die von drei Männern vergewaltigt wurde, soll juristisch keine Chance haben, weil die drei das bestreiten, obwohl sie schon vorher durch andere sexuelle Übergriffe aufgefallen sind? Das ist Unfug.

Der alles entscheidende Punkt ist folglich die **Glaubwürdigkeit**, und die kann unterschiedlich groß sein. So ist die Glaubwürdigkeit eines unbescholtenen Polizisten größer als die desjenigen, der wiederholt beim Einbruch erwischt wird. Übertragen auf die Schule bedeutet das: Die Glaubwürdigkeit einer Lehrkraft, die immer korrekt gearbeitet hat, ist grundsätzlich höher als die eines Schülers, den man auf frischer Tat bei einem Verstoß erwischt.

Nehmen wir folgenden Fall: Der kleine brave Lukas behauptet, von Jerome-Maurice geschlagen worden zu sein. Der bestreitet das und behauptet, Lukas habe ihn angegriffen und er habe sich nur gewehrt. Hier steht also Aussage gegen Aussage. Falls es sich jedoch bei Jerome um einen großen, kräftigen Schüler handelt, der schon mehrfach dadurch aufgefallen ist, wie er Mitschüler geärgert, geschubst und geschlagen hat, dann haben wir nicht die gleiche Glaubwürdigkeit. Dann steht zwar Aussage gegen Aussage, aber trotzdem kann gegen Jerome eine disziplinarische Maßnahme verhängt werden.

77. Welche Möglichkeit haben wir, wenn ein Schüler sagt, er habe sich nur gewehrt?

Wenn Sie die vorige Frage gelesen haben, kennen Sie ja bereits das typische Argument von Schülern, die andere geschlagen haben: »Ich hab' mich doch nur gewehrt!« Schauen wir uns diese Begründung einmal unter juristischen Aspekten genauer an. Ein Schüler, der so argumentiert, beruft sich indirekt auf den Notwehrparagrafen (§ 32 StGB), den ich in Frage 75 schon angesprochen habe.

Im zweiten Absatz des Notwehrparagrafen steht: »Notwehr ist die Verteidigung, die **erforderlich** ist, um einen gegenwärtigen rechtswidrigen Angriff von sich oder einem anderen abzuwehren.« Nun geht es in die Feinheiten, und durch das fett hervorgehobene Wort können Sie schon ahnen, wo der Knackpunkt liegt.

»Erforderlich« im engen Sinne bedeutet: Die Stärke der Verteidigung hat der drohenden Gefahr zu entsprechen. Auf eine verbale Beleidigung mit körperlicher Gewalt zu reagieren, ist folglich nicht erforderlich. Ebenfalls nicht erforderlich ist der Einsatz körperlicher Gewalt, **wenn staatliche Hilfe präsent** und ebenso wirksam ist. Falls also Polizei in der Nähe ist, die Sie zu Hilfe rufen könnten, wäre eine individuelle Notwehr nicht erforderlich – und somit nicht gedeckt.

Damit kommen wir wieder zur Schule. Hier sind die Schüler nicht allein, fast immer sind irgendwelche Lehrkräfte in der Nähe, die ein Schüler um Hilfe bitten könnte. Wenn also ein Schüler sich an einem Ort bedroht fühlt, besteht für ihn in der Regel die Möglichkeit, sich an einen anderen Ort der Schule zu begeben, wo er unter dem Schutz einer Lehrkraft steht. Das heißt: Echte Notwehrsituationen, in denen keine (staatliche) Hilfe zu erwarten ist, sind im beaufsichtigten Bereich der Schule so selten wie ein schwarzer Schwan. Damit kann das typische Argument, sich »nur gewehrt« zu haben, den Einsatz von körperlicher Gewalt grundsätzlich nicht rechtfertigen.

78. Darf ich hin und her geschickte Zettel, die ich entdecke und einziehe, lesen?

Das ist nicht so ganz klar. Zunächst jedoch eine Vorbemerkung: Diese Frage gehört eigentlich in den Datenschutz, aber ich handele sie bereits hier ab, weil die Situation vor allem ein disziplinarisches Problem darstellt.

Natürlich wissen Sie alle um das Postgeheimnis, welches so hoch angesiedelt ist, dass es sogar durch das Grundgesetz (Art. 10 GG) geschützt ist. Deshalb dürfen Sie den Brief Ihres Nachbarn, der aus Versehen in Ihrem Briefkasten gelandet ist, nicht einfach öffnen und lesen.

Aber wie sieht es mit der Postkarte aus? Hier streiten sich die Geister. Eine Hälfte der Grundrechtskenner stellt eine Postkarte (mit offen sichtbarem Text!) ebenfalls unter den Schutz des Briefgeheimnisses. So könnte der Briefträger eine Postkarte zwar umdrehen, Namen und Anschrift entziffern, um sie in den richtigen Briefkasten zu werfen, er dürfte aber keinen Blick auf den Text werfen.

Das BVerwG und die andere Hälfte sehen hingegen das **Verschlossensein** einer Botschaft als wichtiges Merkmal, um zu entscheiden, ob das Briefgeheimnis greift oder nicht. Dieser Auffassung schließe ich mich an. Wer nicht will, dass Dritte seine Zeilen lesen, der steckt sie in einen Briefumschlag. Wer dagegen eine Postkarte nutzt, der weiß um die Sichtbarkeit des Geschriebenen und muss damit leben, dass andere den Text sehen könnten.

Was bedeutet das nun für einen Zettel, der im Klassenraum herumgereicht wird? Das kommt darauf an. Ist der Zettel zusammengefaltet, können Sie ihn nicht auseinanderfalten und lesen. Und auf gar keinen Fall dürften Sie den Text vor der versammelten Klasse laut vorlesen, um den Schreiber bloßzustellen. Denn dieser zusammengefaltete Zettel ist – im Rahmen der Möglichkeiten – verschlossen.

Falls der Zettel jedoch entfaltet ist, entspricht er einer Postkarte und fällt damit nicht unter das Briefgeheimnis. Für diese juristische Einschätzung haben Sie nicht nur einige bedeutende Rechtslehrer, sondern ebenso das BVerwG auf Ihrer

Seite. Aber auch in diesem Fall ist es Ihnen nicht erlaubt, den Inhalt nicht öffentlich vorzulesen, um den Schreiber zu blamieren.

79. Welche Gegenstände darf ich den Schülern abnehmen?

Etwas weiter vorne (Frage 71) hatte ich im Zusammenhang mit aufreizender Kleidung bereits den Schulzweck erwähnt. Er besteht (verkürzt gesagt) in Folgendem: In einer Lerngruppe sollen alle Beteiligten ungefährdet und ungestört lernen bzw. arbeiten können. Und falls der Schulzweck gefährdet wird, darf die Schule geeignete Schritte unternehmen, um dies zu unterbinden.

Nun gibt es Gegenstände, die generell dem Schulzweck widersprechen und ihn gefährden. Das sind zum einen gefährliche Gegenstände wie Waffen, Knallkörper oder Reizgas, zum anderen Lärm erzeugende Geräte wie Hupen, Tröten oder Ratschen, die den Unterricht massiv stören können.

Die gefährlichen Gegenstände sind in der Regel in einem »Waffenerlass« aufgeführt, der jeweils zum Beginn des Schuljahres verlesen wird. Für die Lärm erzeugenden Gegenstände gibt es keine Vorgabe der Kultusverwaltung, deshalb haben einige Schulen sie beispielhaft in ihrer Schulordnung aufgeführt – und verboten. Beim Schuleintritt erhalten Schüler und Eltern die Ordnung ausgehändigt und müssen mit ihrer Unterschrift bestätigen, sich daran zu halten.

Nach diesen Vorbemerkungen geht es zum Kern der Frage. Gefährliche – und in der Schule verbotene – Gegenstände, z. B. Messer, dürfen Sie nicht nur einziehen, sondern auch **einbehalten**, bis die Eltern (der Minderjährigen) sie in der Schule abholen. Dabei werden die Eltern nochmals auf ihre

Verpflichtung hingewiesen, die Einhaltung der Schulordnung aktiv zu unterstützen. Falls sich der Verdacht aufdrängt, die Eltern könnten oder wollten dies nicht, wäre das ein triftiger Grund, das Jugendamt zu informieren. Das Mitbringen (Einziehen) des gefährlichen Gegenstandes und das anschließende Gespräch mit den Eltern sollten Sie in der Schülerakte vermerken.

Kommen wir nun zu ungefährlichen, aber störenden Gegenständen. Das könnte eine Tröte oder ein Handy sein. Wenn Sie die Anweisung gegeben haben, bei Ihnen seien die Handys auszuschalten und in einer Tasche zu verstauen, dann dürfen Sie das Handy eines Schülers einziehen, der damit während Ihres Unterrichts im Internet surft.

Wer bekommt das Handy wann wieder? Der Schüler erhält es am Ende *seines* Unterrichtstages wieder zurück. Ich weiß, es gibt Schulen, die das Handy länger (bis zu drei Tage) behalten. Also, solange Ihre Schüler und Eltern nicht auf die Barrikaden gehen, machen Sie es ruhig weiter. Ich verpetze Sie nicht. Aber Sie sollten wissen, dass ein so langes Einziehen des Eigentums juristisch nicht gedeckt ist. Auch pädagogisch ist es kaum zu rechtfertigen, weil zuerst mildere Maßnahmen ergriffen werden müssen. Sobald wir – wie in Frankreich oder Bayern – ein generelles Handyverbot in den Schulen haben, könnte das anders aussehen. Aber so weit sind wir noch nicht. Und sowohl in Bayern als auch in Frankreich gibt es in der Realität etliche Ausnahmen von diesem Verbot.

Nach diesem schulpolitischen Schlenker nun bitte wieder aufpassen! Sobald Sie das Handy eines Schülers einziehen, sind *Sie* für die sichere Aufbewahrung verantwortlich. Falls Sie also einen großen Riss auf dem Display entdecken, sollten Sie diesen den Mitschülern zeigen, um sich abzusichern. Sie können auch ein Foto davon machen, sollten jedoch darauf achten, dass man Ihnen nicht vorwerfen kann, Sie hätten dies erst gemacht, *nachdem* Ihnen das Handy runtergefallen ist. Also: Gleich nach dem Abnehmen des Handys das Foto anfertigen, am besten vor den Augen der Lerngruppe.

Wenn der Schüler das Handy schnell in seine Hosentasche steckt und Sie darauf hinweist, Sie dürften ihn nicht durchsuchen, dann lesen Sie dazu bitte die Antwort auf Frage 68.

Falls Sie auf einer Klassenfahrt im Zimmer der minderjährigen Schüler eine Flasche Wodka entdecken, dürfen Sie diese natürlich einziehen, nicht aber demonstrativ im Waschbecken entleeren. Wer so vorgeht, braucht sich nicht zu wundern, wenn Schüler und Eltern später Schadensersatz für den vernichteten Alkohol fordern.

80. Können wir einen Schüler, der ständig den Musikunterricht stört, vom Sportunterricht ausschließen?

Diese Frage stammt von einer Grundschule, die mich ausgesprochen nett empfangen hat. Das ist jedoch nicht der Grund, weshalb ich diesen Punkt hier anspreche. Vielmehr geht es um eine ganz generelle Problematik.

Bis zu meiner Fortbildung bei ihnen waren die Kolleginnen mit ihrem Vorgehen rundum zufrieden, weil es so einleuchtend schien: Ein Schüler stört den Unterricht, und als Konsequenz versagt man ihm etwas, das ihm Spaß macht. Dagegen wäre nichts einzuwenden gewesen, wenn es sich um ein und **dasselbe Fach** gehandelt hätte. Aber hier wird das Fehlverhalten im Fach A durch eine Bestrafung im Fach B geahndet. Also: Wer die Hausaufgaben in Mathe nicht macht, darf deshalb nicht Theater spielen? Wer den Deutschunterricht stört, darf aus diesem Grund nicht mit Ton arbeiten? Und wer im Religionsunterricht nicht aufpasst, darf darum nicht im Chor singen?

In dieser Weise könnte eine Kollegin zu Hause sanktionieren, indem sie ihrem Kind, das zu spät nach Hause kommt, dafür den Nachtisch streicht. Für die Schule ist das unzulässig. Damit ein Lerneffekt möglich wird, muss zwischen dem Fehlverhalten und der belastenden Maßnahme ein **innerer Zusammenhang** bestehen. Und daran fehlt es hier.

Darüber hinaus ist dieses Vorgehen dem Sportkollegen gegenüber ziemlich unfair. Warum bekommt *er* jetzt Probleme, weil ein Schüler, der sich in seinem Unterricht korrekt verhält, nun *bei ihm* fehlt? Dehnen wir diese Maßnahme einmal zeitlich aus: Der Schüler stört weiter den Musikunterricht, und als Folge schließt man ihn ein ganzes Halbjahr vom Sportunterricht aus. Was ist dann mit seiner Note? Bekommt er eine 6, weil er das ganze Halbjahr nicht am Sport teilgenommen hat? Bekommt er gar keine Note, weil er das ganze Halbjahr (unentschuldigt?) gefehlt hat? Diese Fragen stellen sich ebenso, wenngleich nicht so dramatisch, wenn der Junge nur viermal vom Sportunterricht ausgeschlossen wird. Wie man es auch dreht und wendet, eine solch schräge Verknüpfung von Verstoß und Maßnahme ist nicht haltbar.

Allerdings unterrichtete die besagte Grundschulkollegin sowohl Musik als auch Sport. Die Botschaft war also: »Wenn du in meinem einen (langweiligen) Fach nicht richtig mitmachst, dann schließe ich dich von meinem anderen (interessanten) Fach aus!« Das macht die Maßnahme jedoch nicht überzeugender. Was kann die Kollegin also tun? Sie muss sich eben anstrengen, die Probleme in ihrem ungeliebten Fach den Griff zu bekommen.

81. Darf ich einem Schüler ein Pausenverbot erteilen?

Der Begriff des »Pausenverbots« ist an weiterführenden Schulen fast unbekannt, an Grundschulen ist dies eine beliebte – und durchaus wirksame – Maßnahme. Was versteht man nun darunter? Zum einen ist sie eine erzieherische Reaktion: Ein Schüler, der einen Verstoß begangen hat, wird von der gemeinsamen Pause auf dem Schulhof ausgeschlossen und dazu verpflichtet, die Zeit alleine (mit einer Aufsichtsperson) im Klassenraum zu verbringen. Zum anderen wird diese Maßnahme gerne präventiv bei Schülern ergriffen, die in der Pause gegen andere Schüler gewalttätig werden.

Um zu beantworten, ob ein solches Vorgehen zulässig ist, unternehmen wir einen Abstecher ins Arbeitsrecht. Ja, Sie haben richtig gelesen. Denn Schüler werden in einigen Punkten wie jugendliche Arbeitnehmer gesehen, für die bestimmte Schutzvorschriften gelten. So gibt es z.B. im Jugendarbeitsschutzgesetz (§ 11) gesetzliche Pausenregelungen, die ebenso auf die Schule anzuwenden sind. Danach haben Schüler bei sechs Unterrichtsstunden (4,5 Zeitstunden) einen Anspruch auf mindestens 30 Minuten Pause, wobei nur Arbeitsunterbrechungen von mindestens 15 Minuten als »Pause« gewertet werden.

Nun wieder zum Pausenverbot: Unzulässig wäre es, einem Schüler in den großen Pausen einen so umfangreichen Arbeitsauftrag zu geben, der seine Pausenzeit unter das gesetzliche Minimum drückt. Falls also die große Pause 20 Minuten beträgt, könnte man ihn fünf Minuten etwas abschreiben lassen. Dann aber müssen 15 Minuten Pause folgen. Er hat jedoch, gerade bei entsprechenden Vorkommnissen, keinen Anspruch darauf, diese Zeit auf dem Schulhof mit anderen Schülern zu verbringen. Vielmehr kann er die Pause durchaus im Klassenraum verbringen, wenn dort die Arbeit eingestellt und seine Erholung nicht beeinträchtigt ist (JArbSchG § 11 III).

Natürlich ist dem Schüler die Möglichkeit einzuräumen, während dieser Zeit auf die Toilette zu gehen oder sich Verpflegung zu besorgen. Aber essen, trinken und sich entspannen kann er genauso gut (oder sogar besser) alleine im Klassenraum. Gerade bei unruhigen Schülern ist es pädagogisch sinnvoll, sie zwischendurch einmal zur Ruhe kommen zu lassen. Allerdings ist ein solcher Schüler in dieser Zeit zu beaufsichtigen, er darf nicht einfach eingesperrt werden.

82. Kann ich fünf Minuten nach dem Beginn des Unterrichts die Tür abschließen?

Vor allem an Berufsschulen bzw. Berufsbildenden Schulen taucht diese Frage regelmäßig auf. Die Kollegen fühlen sich von den nach und nach (zu spät!) eintreffenden Schülern gestört und wollen diesem nachlässigen Verhalten wirksam einen Riegel vorschieben. Das ist verständlich, leider aber nicht zulässig, und zwar aus folgendem Grund: Die Schüler haben einen Anspruch auf Unterricht. Und woher wollen Sie wissen, ob das Fahrrad (das Auto) von Jerome-Maurice gerade heute nicht tatsächlich einen Platten hat? So wie Sie halte ich das für höchst unwahrscheinlich, aber auszuschließen ist es nicht.

Nun ist es aber nicht so, dass Sie gar nichts dagegen unternehmen können. Sie brauchen nicht hinzunehmen, dass Nachzügler ständig Ihren Unterricht unterbrechen, indem sie die Tür öffnen, irgendeine Entschuldigung murmeln und sich geräuschvoll auf ihren Stuhl fallen lassen.

Einfacher ist es an Schulen, die – um Amokläufe zu erschweren – statt einer Türklinke außen nur noch runde Knaufe haben. Dadurch müssen die Schüler klopfen und können nicht einfach so den Raum betreten und Ihren Unterricht stören.

Falls Sie noch Klinken haben, dürfen Sie die Tür nicht abschließen. Weil Sie jedoch nicht hinnehmen müssen, dass Ihr Unterricht ständig unterbrochen wird, können Sie die Schüler anweisen, zuerst zu klopfen und dann vor der Tür zu warten (maximal fünf Minuten), bis Sie es von Ihrem Unterrichtsablauf passt, sie hineinzulassen.

Sehr gute Erfahrungen haben einige Kollegen damit gemacht, die zu spät kommenden Schüler gleich zur Tafel »durchzuwinken« und dort eine kleine mündliche Überprüfung mit ihnen durchzuführen. Das soll Wunder wirken und ist völlig legal, sofern Sie nicht ausschließlich die zu spät Kommenden, sondern ab und zu auch einmal einen anderen Schüler zur Überprüfung nach vorne holen.

83. Dürfen wir an der BBS im Unterricht störende Schüler in ihren Betrieb schicken?

Hier haben wir eine Frage, die der Nummer 80 ähnelt, bei der ein Schüler vom Sportunterricht ausgeschlossen wurde, weil er den Musikunterricht störte. Wollte man es argumentativ auf die Spitze treiben, so könnte man fragen: »Die Arbeit im Ausbildungsbetrieb ist also eine Strafe (für störendes Verhalten)?« Ich bin mir nicht sicher, ob die Ausbildungsbetriebe damit einverstanden wären, in diese negative Ecke gestellt zu werden.

Allerdings weiß ich natürlich, was hinter der Frage bzw. einer solchen »Überweisung« steht: Es gibt Schüler, die sich bei der theoretischen Vermittlung in der Schule quälen oder sie als ausgesprochen langweilig empfinden. Die handwerkliche Tätigkeit im Betrieb macht ihnen hingegen Spaß, da blühen sie auf und verhalten sich korrekt. Warum sollte man diese Schüler bei einem Verstoß dann nicht in den Ausbildungsbetrieb schicken? Dann wären doch alle zufrieden. Die Lehrkraft, weil sie den Schüler los ist, der Schüler, weil er jetzt handwerklich arbeiten kann und der Betrieb, weil er mehr vom Auszubildenden hat. Wo also ist das Problem?

Ich bin ja auf Ihrer Seite und verrate Sie nicht. Sofern alle Beteiligten damit einverstanden sind, dann gehen Sie weiter so vor. Aber ich möchte Ihnen nicht verschweigen, wo ich die Probleme sehe. Erstens: Wie wird die versäumte Unterrichtsstunde gewertet? Fehlt der Schüler entschuldigt – oder unentschuldigt? Zweitens: Wenn sich diese »Überweisungen« häufen, könnte ein Schüler im theoretischen Bereich der Schule immer weiter abrutschen, bis er in diesem Fach auf Fünf steht. Falls er dann die Note mit der Begründung angreift, *Sie* hätten ihn doch vom Unterricht ausgeschlossen und stattdessen in den Betrieb geschickt, dann geraten Sie in Erklärungsnot. Drittens fehlt hier wieder der geforderte innere Zusammenhang zwischen einem Verstoß und der daraufhin verhängten Maßnahme. Viertens: Was machen Sie, wenn andere Schüler dem Beispiel folgen, weil sie lieber im Betrieb arbeiten als in der Schule lernen wollen? Bei welcher »Flüchtlingsquote« stoppen Sie die Abwanderung?

Sie haben ja schon meinen Hang zu schrägen Vergleichen bemerkt, die allerdings manchmal ganz erhellend sind. Stellen Sie sich deshalb bitte einen Fahrschüler vor, der im theoretischen Unterricht nicht aufpasst. Daraufhin sagt der Fahrschullehrer: »So, du verlässt jetzt den Theorieraum und machst stattdessen mit dem Kollegen X eine Fahrstunde auf der Autobahn!« Was halten Sie davon? Sie meinen, das sei doch ganz etwas anderes? Wirklich?

84. Endet unsere Weisungsbefugnis eigentlich immer an der Grenze des Schulgeländes?

Im Prinzip ja, aber es gibt Ausnahmen. Die erste Situation, bei der Sie abseits des Schulgeländes weisungsbefugt sind, betrifft Schulveranstaltungen außerhalb der Schule. Wenn Sie also einen Museumsbesuch am Schulort oder eine Klassenfahrt in eine andere Stadt durchführen, sind Sie während dieser Veranstaltungen selbstverständlich weisungsbefugt. An diesem Beispiel merken Sie bereits: Aufsicht und Weisungsbefugnis sind räumlich nicht immer klar begrenzt, z. B. durch einen Zaun. Vielmehr wandert Ihr Zuständigkeitsbereich quasi mit Ihnen mit.

Manchmal liegen zwei Schulen auf einem Grundstück des Schulträgers und teilen sich den Pausenhof. Sind Sie als Aufsicht nun ebenfalls den Schülern der anderen Schule gegenüber weisungsbefugt? Ja, allerdings nicht automatisch, sondern nur, sofern die beiden Schulleiter sich darauf einigen und dies bekanntgeben. Dann jedoch sind Sie berechtigt, auch den Schülern der Nachbarschule Anweisungen zu geben.

Nehmen wir nun eine Schule mit einem klar abgegrenzten Gelände, vor dem jedoch die Bushaltestelle liegt. Hier hat die Schule gleichfalls Aufsicht zu führen, und Sie sind dort weisungsbefugt. Falls z. B. nach Unterrichtsende die Schüler an der Bushaltestelle, an der Sie Aufsicht haben, mit Schneebällen werfen, dann sind Sie berechtigt und sogar verpflichtet, hier einzuschreiten.

Sobald die Schüler in den Bus steigen, sind Sie juristisch nicht mehr zuständig, weil ab diesem Zeitpunkt die Verantwortung auf den Busfahrer übergeht. Sie *können* ihn pädagogisch unterstützen, dazu verpflichtet sind Sie nicht.

Lassen Sie mich jetzt konstruieren, dass Sie in der großen Pause ein paar Meter außerhalb des Schulgrundstücks einige Achtklässler sehen, die dort rauchen. Da Schüler dieses Alters grundsätzlich nicht das Schulgelände verlassen dürfen, liegt hierin der erste Verstoß. Der zweite liegt im unerlaubten Rauchen. Nur weil diese Schüler jetzt ein paar Meter hinter dem Zaun stehen, befinden sich nicht außerhalb Ihrer Weisungsbefugnis. Gleiches gilt, falls Sie einige Schüler jenseits des Schulzaunes dabei beobachten, wie sie die zerbrechliche Eisdecke eines Flusses testen, der an Ihrer Schule vorbeiführt. Auch hier dürfen (und müssen) Sie eingreifen und können sich nicht darauf zurückziehen, Sie hätten das gefährliche Treiben wohl gesehen, aber der vereiste Fluss sei ja fünf Meter vom Schulgelände entfernt. Fasst man dies alles zusammen, dann endet Ihr Zuständigkeitsbereich in einigen Fällen nicht genau am Schulzaun, sondern geht noch ein Stückchen darüber hinaus.

85. Sind Vorfälle in der Freizeit, z. B. Cybermobbing, noch mein Problem als Klassenlehrer?

Heute soll die Schule immer mehr Dinge übernehmen, die früher in der Verantwortung der Eltern lagen. So kümmert sich die Schule inzwischen nicht mehr nur um Unterrichtung und kollektive Erziehung, sondern ebenso um körperliche Bewegung, Umgang mit dem Internet oder gesunde Ernährung. Daher ist es kein Wunder, wenn bequeme Eltern versuchen, die Schule für alles verantwortlich zu machen, was nicht optimal läuft.

Damit sind wir bei der Frage, wofür Sie nach dem Ende des Unterrichts noch verantwortlich sind. Eventuell haben

Sie nach der letzten Stunde noch 15 Minuten Aufsicht an der Bushaltestelle, aber wie sieht es danach aus? Reicht Ihre Verantwortung zeitlich noch weiter, oder haben auch Sie irgendwann einmal Feierabend?

Es gibt gleich mehrere gute Nachrichten: Wenn Sie in Ihrer Freizeit einen Schüler im Supermarkt bei einem Diebstahl beobachten, dann ist das juristisch nicht mehr Ihr Problem. Das brauchen Sie niemandem mitzuteilen. Falls Sie eine pädagogische Verpflichtung spüren, *können* Sie die Eltern darüber informieren, verpflichtet sind Sie dazu nicht. Schließlich sind Sie in Ihrer Freizeit nicht nebenberuflicher Meldebeauftragter, der irgendwelche Verstöße von Schülern melden müsste.

Sie sind nicht einmal verpflichtet, einen Mord, den Sie beobachtet haben, der Polizei zu melden. Das glauben zwar viele Menschen, trotzdem stimmt es nicht. Sie können ihn melden, müssen es aber nicht. Die einzige Ausnahme ist der § 138 StGB, nach dem schwere Straftaten zu melden sind, wenn man sie dadurch **noch verhindern** kann.

Jetzt kommen wir zum Cybermobbing: Ein Schüler wird in der Freizeit von Klassenkameraden gemobbt, und die Eltern verlangen von Ihnen als Klassenlehrer, sich sofort darum zu kümmern und dies wirksam zu unterbinden. Nun die zweite gute Nachricht: Was in der Freizeit der Schüler passiert, ist juristisch nicht mehr Ihr Problem. Sie sind verantwortlich für das, was in der Schule passiert, für die restliche Zeit sind die Eltern zuständig. Stellen Sie sich einmal vor, Sie würden einen Schüler nachmittags in der Stadt dabei sehen, wie er Müll auf die Straße wirft. Daraufhin weisen Sie ihn in scharfem Ton an, das Papier aufzuheben. Wollen wir raten, was die Eltern zu Ihrer Aktion vermutlich sagen würden? Na bitte.

Nun gibt es allerdings Fälle, bei denen die zeitliche Zuordnung des Verstoßes (Mobbing in der Freizeit) nicht so klar ist. Manchmal wird ein schulischer Außenseiter nicht nur in der

Schule, sondern auch in der Freizeit gemobbt. Wie sieht es jetzt mit der Zuständigkeit der Schule aus? Sie könnte sich – juristisch einwandfrei – nur um den Teil kümmern, der während der Schulzeit stattfinden.

Falls jedoch das schulische Mobbing in der Freizeit **weitergeführt** wird, um dort den Druck auf den Außenseiter zu erhöhen, darf die Schule dieses außerschulische Verhalten für etwaige Ordnungsmaßnahmen mit einbeziehen. Also noch einmal: Sie müssen das nicht mit einbeziehen, können es aber, sofern es einen klaren Bezug zu den Verstößen während der Schulzeit gibt.

86. Ist es zulässig, wenn volljährige Schüler auf dem Schulgelände ihre E-Zigarette rauchen?

Sie ahnen es schon, bei diesem Thema geht es nicht um Grundschulen, sondern um Gymnasien oder Berufsschulen. Sofern Sie selbst rauchen, kennen Sie die unangenehme Situation: Man verbannt Sie vom Schulhof und stellt Sie irgendwo in eine ungemütliche Ecke. Die Tatsache, dort Wind und Wetter ausgesetzt zu sein, ist nur eine Unannehmlichkeit, die zweite besteht darin, von nichtrauchenden Mitmenschen isoliert zu sein. Um dies zu umgehen, haben erste volljährige Schüler sich eine E-Zigarette gekauft und sich damit auf den Pausenhof zu ihren Mitschülern gestellt. Kurze Anmerkung: In den USA ist der Großteil der rauchenden Schüler bereits auf »Juul« umgestiegen, eine E-Zigarette, die so klein wie ein etwas längerer USB-Stick ist und von vielen Lehrkräften auch dafür gehalten wird.

Zurück zu den deutschen Schülern, die wie folgt argumentieren: Da sie volljährig sind, dürften sie rauchen. Außerdem gebe es bei einer E-Zigarette kein schädliches Passivrauchen, deshalb sei die Gesundheit der Mitschüler nicht gefährdet. Na ja, darüber kann man streiten. Sicher ist die gesundheitliche Gefährdung von Dritten geringer. Allerdings gibt es Untersuchungen, die in den entweichenden Aerosolen schädliche Substanzen gefunden haben, die in geschlossenen Räumen problematisch sind.

Aber unsere Schüler wollen ja nicht in der Pausenhalle, sondern auf dem Schulhof rauchen. Das ist trotzdem nicht zulässig, weil die Schule eben kein Ort wie alle anderen ist. Sie hat einen **Erziehungsauftrag**, vor allem gegenüber den **jüngeren Schülern**. Wenn diese nun das Rauchen älterer Schüler auf dem Schulgelände beobachten, könnte das für sie ein Anreiz sein, dies irgendwann zu imitieren. Darum darf eine Schule E-Zigaretten auf ihrem Schulgelände verbieten. Da volljährige Schüler jedoch in Pausen und Freistunden das Schulgelände verlassen dürfen, könnten sie außerhalb rauchen und bräuchten sich dabei nicht einmal auf elektronische Zigaretten zu beschränken.

Vorgesetzte und andere Institutionen

In den vorangegangenen Kapiteln ging es vor allem um die rechtliche Beziehung zu Schülern bzw. deren Eltern. Da Lehrkräfte aber in einem hierarchischen System arbeiten, sollten sie auch etwas über das Verhältnis zur vorgesetzten Schulleitung wissen. Die darf zwar eine ganze Menge, aber nicht alles, wie Sie gleich sehen werden.

87. Darf die Schulleitung meine Post lesen, die an meine Schuladresse geht?

Das hängt davon ab, wie sie adressiert ist. Die meisten Lehrkräfte sehen sich als pädagogisch motiviertes Individuum, das bei den Schülern die Weichen für die Zukunft stellt. In den seltensten Fällen begreifen sie sich als Teil einer staatlichen Dienststelle, was sie jedoch ebenfalls sind. Deshalb ist in der Regel der größte Teil der Post, die im Fach im Lehrerzimmer landet, nicht privater Natur, sondern Dienstpost. Sie ist nämlich meist an die Lehrkraft als Funktionsträgerin gerichtet. Das wird in der Regel bereits in der Anschrift deutlich. Wenn dort steht

Albert-Einstein-Schule
Fachschaft Mathematik
z. Hd. Peter Sielje
Wiesenweg 13
54321 Entenhausen

dann ist alles klar. Sobald in der Adresse die Schule (oder eine schulische Unterabteilung, z. B. Fachschaft Mathematik) auftaucht, handelt es sich um Dienstpost, die von der Schulleitung oder dem Sekretariat geöffnet und gelesen werden darf, bevor man sie an Sie weiterleitet.

Das Postgeheimnis gilt folglich nicht innerhalb der Arbeitsstätte, was nachvollziehbar ist. Denn schließlich hat der Leiter der Dienststelle das Recht zu erfahren, was sich in seinem Hause tut. Gibt es windige Firmen, die auf krummen Wegen versuchen, an Schüleradressen zu kommen? Gibt es wichtige Fristen, die unbedingt eingehalten werden müssen, um Zuschüsse zu bekommen?

Anders sieht es aus, wenn nur Ihr Name und dann die Adresse auftauchen, also:

Peter Sielje
Wiesenweg 13
54321 Entenhausen

Jetzt ist klar: Die Post ist an Sie persönlich gerichtet. Wenn Sie ganz sicher gehen wollen, dass niemand anderes Ihre Post öffnet, sollten Sie den Absender bitten, auf dem Schreiben »**persönlich**« oder »**vertraulich**« zu vermerken. So macht es z. B. die Bezügestelle, wenn Sie Ihre Gehaltsmitteilung (»Vertrauliche Personalsache«) schickt.

88. Darf der Schulleiter meine Noten ändern?

Dass ein Schulleiter eine Note geändert haben möchte, weil sie ihm zu milde erscheint, habe ich noch nie gehört. Über den umgekehrten Fall beklagen sich die Kollegen häufig. Bei vielen Schulleitungen gibt es offensichtlich die Tendenz, die Latte der Leistungsanforderungen nicht zu hoch zu legen. Dahinter steht der Wunsch, möglichst viele Schüler an die Schule zu bekommen und dort zu halten. Denn mehr Schüler bedeuten mehr Geld, das man einsetzen kann. Zudem garantieren steigende Schülerzahlen die Existenz der Schule, wohingegen bei sinkenden Schülerzahlen im schlimmsten Fall deren Schließung droht. Zugegeben, das hat gar nichts mit Schulrecht zu tun, läuft aber im Hinterkopf vieler Schulleitungen ab, und Sie sollten es wissen.

Nun endlich zu der berechtigten Frage aus der Überschrift: Die Beurteilung von Schülerleistungen liegt **grundsätzlich in Ihrer** Verantwortung. Das steht so – oder so ähnlich – in den meisten Schulgesetzen. Allerdings sind Sie dabei an die geltenden Vorschriften, die Konferenzbeschlüsse, die Weisungen der Schulleitung und die Anordnungen der vorgesetzten Schulbehörde gebunden. Was heißt das nun konkret?

Die Entscheidung über die Note einer Klassenarbeit bzw. über eine Zeugnisnote liegt in Ihrer Kompetenz, weil nur Sie alle Umstände kennen (und hoffentlich berücksichtigen), die für die Notenfindung wichtig sind. Sollte der Schulleiter mit Ihren Noten nicht einverstanden sein, weil er sie für zu streng hält, dann darf er Sie beraten. Er darf Sie sogar sehr intensiv beraten, aber er darf grundsätzlich Ihre Note nicht ändern.

Das wäre nur zulässig (aber auch das gibt es!), falls eine Lehrkraft einen **ganz offensichtlichen Fehler** gemacht hätte, z. B. sich beim Zusammenzählen verrechnet, Richtiges als falsch angestrichen oder einen verbindlich vorgeschriebenen Anforderungsbereich weggelassen hätte.

Solange ein solcher Fehler nicht vorliegt und die gegensätzlichen Auffassungen nicht unter einen Hut zu bringen sind, darf die Schulleitung nicht einfach Ihre Noten durchstreichen und stattdessen die eigenen, z. B. unter einen Satz Klassenarbeiten, setzen. Denn das ist ein enormer Eingriff in Ihre Autorität, den Sie nicht widerspruchslos hinzunehmen brauchen. Schließlich gibt es die Pflicht zur vertrauensvollen Zusammenarbeit, die der Schulleitung verbietet, Sie öffentlich bloßzustellen.

Also, wie geht es weiter? Die Auseinandersetzung um die richtige Note geht nun an die vorgesetzte Schulbehörde. Weil die nicht nur Rechts-, sondern zugleich **Fachaufsicht** ist, darf sie Ihre Note ändern, sofern sie diese für falsch hält. Sie kann allerdings Ihre Note auch als vertretbar bestätigen. Lassen Sie sich überraschen, wie es ausgeht.

89. Wie reagiere ich korrekt, wenn ich von der Schulleitung eine rechtswidrige Anweisung bekomme?

Ich formuliere die Frage gleich einmal etwas vorsichtiger, weil einige Kollegen recht vorschnell davon ausgehen, alles, was ihnen nicht einleuchtet, sei rechtswidrig. Meine Erfahrung zeigt: Selbst wenn eine Entscheidung den Kollegen nicht gefällt, hat die Schulleitung trotzdem häufig Recht. Folglich lautet die korrekte Frage: Was mache ich, wenn ich vom Schulleiter eine Anweisung bekomme, **von der ich annehme**, sie sei rechtswidrig?

Wir haben Glück, weil wir uns nun im Beamtenrecht befinden, das bereits seit etwa 200 Jahren existiert und sehr präzise alles regelt, was von Bedeutung ist. Und natürlich hat sich die Frage aus der Überschrift immer wieder gestellt, weshalb man sie schon sehr früh beantwortet hat.

Zunächst aber eine Klarstellung: Es geht nicht um eine Anweisung, die unzweckmäßig, unpädagogisch oder gar unsinnig ist. Es muss die begründete Vermutung bestehen, die Anweisung sei **rechtswidrig**, sie würde gegen eine bestimmte rechtliche Norm verstoßen. Aber da rechtliche Regelungen sehr viele Fälle erfassen sollen, sind sie manchmal nicht so eindeutig formuliert, wie man sich das im konkreten Fall wünscht. Nehmen wir also einen Kollegen an, der die Meinung vertritt, eine Anweisung seines Schulleiters sei rechtswidrig.

Nun greift die sogenannte **Remonstration**, die im Beamtenrecht einiger Bundesländer unter dem Titel »Rechtmäßigkeit des Handelns« zu finden ist. Was besagt dieses Verfahren? Der Kollege trägt seine Bedenken vor, und der Schulleiter prüft sie. Wenn beide Seiten auf ihrer Meinung beharren, und das ist der interessantere Fall, dann wird die Angelegenheit der vorgesetzten Schulbehörde vorgelegt. Die entscheidet abschließend über die Rechtmäßigkeit, das ist das Grundprinzip.

Manchmal ist bei der Schulbehörde aber niemand zu erreichen – oder die Angelegenheit duldet keinen Aufschub. Dann wiederholt der Schulleiter seine Anweisung, die nun auszuführen ist. Allerdings hat der Kollege das Recht, diese Anweisung **schriftlich** zu erhalten, damit er bei späteren Beschwerden oder Klagen entlastet ist. So weit, so gut.

Jetzt kommt eine Ausnahme: Sollte die Anweisung des Schulleiters erkennbar eine (mit Bußgeld bewehrte) Ordnungswidrigkeit darstellen, gegen die Strafgesetze verstoßen oder die Menschenwürde verletzen, dann *darf* der Kollege die Anweisung nicht ausführen. Ach ja, fast hätte ich es vergessen: Dieses Verfahren gilt sinngemäß gleichermaßen für Angestellte.

90. Wann muss ich eigentlich das Jugendamt über Verdachtsmomente informieren?

Glücklicherweise ist diese Problematik bereits seit einiger Zeit geklärt, und zwar durch das KKG, das Gesetz über Kooperation im Kinderschutz. Es wurde 2012 erlassen, ist aber kaum jemandem bekannt, obwohl es für Schule und Kindergarten enorm wichtig ist. Früher gab es lediglich eine moralische/pädagogische Verpflichtung, sich bei bestimmten Vorkommnissen mit dem Jugendamt in Verbindung zu setzen. Das war ungünstig, weil einige Lehrkräfte dies sehr ernst genommen haben, andere hingegen sahen sich nicht in der Pflicht, weil es ja keine präzisen rechtlichen Vorgaben gab. Dann häuften sich die Fälle von Kindesmisshandlung und man stellte entsetzt fest, dass es meist schon vorher Hinweise auf ein Fehlverhalten der Eltern gab, aber niemand es nach oben gemeldet hatte.

Daraufhin erließ man das KKG. Jetzt ist es eine **Rechtspflicht**, als zweiten Schritt das Jugendamt zu informieren, sobald der begründete Verdacht auf

- Verwahrlosung,
- Misshandlung oder
- sexuellen Missbrauch vorliegt.

Allerdings muss im ersten Schritt ein Gespräch mit den Eltern geführt werden, um ihnen die Möglichkeit zu geben, die Mängel abzustellen und um ihnen klarzumachen, dass ihr Verhalten nicht unbemerkt geblieben ist. Dieses Gespräch kann nur dann unterbleiben, wenn Sie konkrete **Anhaltspunkte** dafür haben, die Eltern würden ihr Kind wegen dieses Gesprächs bestrafen. Das wird nur in den seltensten Fällen vorliegen. Also, erst Gespräch mit den Eltern, wenn danach keine Besserung sichtbar wird, folgt die Information des Jugendamtes.

Lassen Sie mich kurz etwas zu den drei Kategorien elterlichen Fehlverhaltes sagen. Unter Verwahrlosung fällt nicht nur die materielle, körperliche Verwahrlosung (ungewaschen, dreckige Kleidung), sondern ebenso die **emotionale, soziale Verwahrlosung**, die sogar bei wohlhabenden, gebildeten Eltern vorliegen kann. In diesem Zusammenhang haben die Gerichte festgestellt: Häufiges Fehlen oder Schwänzen, das von den Eltern gebilligt oder unterstützt wird, stellt eine Form der Verwahrlosung dar.

Nun zu Misshandlungen: Ein blauer Fleck bei einem Schüler muss noch nichts bedeuten, aber er ist ein Grund, in Zukunft genauer hinzuschauen. Hier sind die Sportlehrkräfte gefragt, um z. B. festzustellen, wer – ohne dafür religiöse Gründe zu haben – selbst bei hochsommerlichen Temperaturen seinen Körper verhüllt.

Sexueller Missbrauch ist ein ganz besonders heikles und dramatisches Thema. Letzteres wissen auch die Schüler. Ich hoffe, Sie verstehen es nicht falsch, aber Sie sollten wissen: Es gibt Fälle (etwa 12 Prozent), in denen Kinder so etwas behauptet haben, um den begierig fragenden Erziehern und Psychologen eine Freude zu machen und selbst im Mittelpunkt zu stehen. Deswegen meine Warnung: Lassen Sie sich nicht von der Idee mitreißen, eine unglaubliche Sensation an die Öffentlichkeit zu bringen. Ja, natürlich gibt es sexuellen Missbrauch, aber bleiben Sie rational und kritisch, selbst wenn es schwerfällt.

91. Woher bekomme ich einen Übersetzer, wenn die Eltern nicht Deutsch sprechen?

Noch vor zehn Jahren wäre diese Frage kein Thema gewesen, inzwischen taucht sie immer häufiger auf. Vor Kurzem war ich an einer Schule, an der zwölf verschiedene Nationalitäten vertreten sind. Wenn man außerdem bedenkt, dass allein in Afghanistan über 40 unterschiedliche Sprachen gesprochen werden, können Sie sich vorstellen, wie ein Elternsprechtag abläuft: Die Eltern eines problematischen Schülers (Assad), der andere regelmäßig mit Steinen bewirft, sprechen so gut wie kein Wort Deutsch. Der einzige, der die deutsche Sprache einigermaßen beherrscht, ist der Steinewerfer selbst.

Und jetzt soll Assad inhaltlich korrekt alles übersetzen, was gegen ihn spricht? Natürlich erzählt er seinen Eltern irgendetwas in Paschto, seiner Muttersprache. Sie wundern sich allerdings, warum die Eltern nie die Stirn runzeln, sondern Sie die ganze Zeit über zufrieden anstrahlen. Am Ende des Gespräches nehmen die Eltern ihren Jungen in den Arm, streicheln ihm den Kopf und bedanken sich – so sieht es zumindest aus – ganz herzlich bei Ihnen für diese tollen Nachrichten. Assad verlässt mit seinen Eltern den Raum und lässt Arjomand mit seinen Eltern hinein. Die verstehen nur Persisch, und damit beginnt für Sie die nächste Runde.

Dass ein braver, fleißiger Schüler seinen Eltern korrekt das übersetzt, was Sie gesagt haben, halte ich für wahrscheinlich. Dies jedoch von einem Schüler anzunehmen, der durchgängig schlechte Noten aufweist oder schwere Verstöße begangen hat, ist schon etwas naiv.

Wie löst man also das Problem? Zunächst einmal: Es ist nicht Ihre Aufgabe, hier für eine Lösung zu sorgen. Lassen Sie sich nicht den Schwarzen Peter zuschieben, sondern schieben Sie ihn dorthin, wo er hingehört, zum Schulträger. Der ist nämlich zuständig für die Ausstattung mit Personal, das nicht unterrichtet, sondern die Funktionsfähigkeit der Schule in anderen Bereichen aufrechterhält. Er stellt ein und bezahlt den Hausmeister, die Sekretärin, den Schulassistenten und die Reinigungskräfte, um nur die wichtigsten zu nennen. Folglich ist es seine Verpflichtung, einen Übersetzer zu stellen, damit die Schulen ihre deutlich erweiterten Aufgaben erfüllen können.

Ich weiß natürlich, was die meisten Schulträger entgegnen: »Woher sollen wir die Leute nehmen, wovon sollen wir sie bezahlen?« Das ist nicht Ihr Problem. Sie brauchen dem Schulträger auch keine Vorschläge dafür zu machen, an welchen Stellen er Einsparungen vornehmen soll, um den Übersetzer zu finanzieren. Das kann der Schulträger selbst am besten entscheiden.

Allerdings müssen Sie den Bedarf erst einmal **offiziell anmelden**, und zwar **schriftlich**, denn dann haben Sie einen Beleg, zu Ihrer Entlastung. Setzen Sie sich also einmal in einer Lehrerkonferenz zusammen und listen Sie auf, für welche Sprachen Sie einen unparteiischen Übersetzer benötigen. Machen Sie deutlich, welche Gefahren entstehen, wenn bei einem Steinewerfer nicht korrekt übersetzt wird, die Eltern also nicht die Möglichkeit haben, erzieherisch auf ihr Kind einzuwirken. Und dann geht diese Forderung über die Schulleitung an den Schulträger, und Sie müssen warten.

Irgendwann bekommen Sie eine Antwort und hoffentlich sogar einen Übersetzer. Oder Sie erhalten nur eine ablehnende Antwort und keinen Übersetzer. Dann ist allerdings der Schulträger für alle negativen Folgen verantwortlich, die sich aus der Tatsache ergeben, dass Sie trotz Ihres Hinweises keine Unterstützung bekommen haben.

92. Welche Möglichkeit habe ich, falls mein Schulleiter mich benachteiligt?

Manchmal werde ich verzweifelt gefragt, was man denn gegen Mobbing bzw. »Bossing« der Schulleitung tun könne. In mündlichen Gesprächen sind die betreffenden Kollegen dann kaum zu bremsen, bei schriftlichen Anfragen sind es Mails, die meist mehrere Seiten umfassen. Für mich als Außenstehenden ist es unmöglich zu beurteilen, ob das Verhalten der Schulleitung wirklich unkollegial (oder sogar rechtswidrig) ist oder ob die Schulleitung nur korrekt auf das wiederholte Fehlverhalten der betreffenden Lehrkraft reagiert. Glücklicherweise brauche ich hier nicht zu beurteilen, wer denn nun Recht hat. Meine Aufgabe ist es, Ihnen Ihre Möglichkeiten aufzuzeigen, falls Sie sich benachteiligt oder gemobbt fühlen.

Der erste Schritt ist immer – im Sinne einer vertrauensvollen Zusammenarbeit – ein offenes Gespräch mit der Schulleitung. Schildern Sie, wie Sie die Behandlung durch die Schulleitung erleben. Bitte sagen Sie nicht: »Das bringt doch nichts!« Vielleicht stimmt das, aber begründet können Sie das erst sagen, *nachdem* Sie es probiert haben.

Da ich über 30 Jahre in der Schule tätig war, weiß ich natürlich, dass eine ungleiche Behandlung keine Einbildung ist. Leider werden gute Lehrkräfte häufiger mit verantwortungsvollen (und arbeitsintensiven) Aufgaben wie Klassenleitung oder Leistungskursen in der Oberstufe belastet. Die Schulleitung verfährt nach dem Motto: »Breite Schultern können mehr tragen.«

Ja, das ist ungerecht. Verantwortlich dafür sind aber im Grunde die Kollegen, denen man guten Gewissens einfach keine Klassenleitung oder einen Abiturkurs übertragen kann. Vielleicht hat das die Schulleitung einige Male probiert und durfte dann hinterher jedes Mal mühevoll versuchen, die berechtigten Beschwerden von Schülern und Eltern wieder aufzufangen. Natürlich fragt man sich, warum man solche Personen überhaupt in den Lehrerberuf gelassen hat, aber das führt nicht weiter. Sie sind nun einmal da, und die Schulleitung wird sie nicht mehr los.

Neben dieser – systembedingten – Ungleichheit gibt es jedoch durchaus die Variante, dass die Schulleitung Sie ganz bewusst schlechter stellt, weil sie Sie aus irgendeinem Grund nicht mag. Was können Sie dann tun? Wenden Sie sich an den Personalrat, denn der ist zuständig für die Gleichbehandlung innerhalb des Kollegiums. Zu seinen Aufgaben gehört es, Beschwerden zu unterstützen, sofern er sie für berechtigt hält. Sollte also Ihre Schlechterstellung ganz offensichtlich sein, dürfte es kein Problem darstellen, die Unterstützung des Personalrats zu bekommen.

Sollte die Schulleitung Ihnen (unbegründet) ein Fehlverhalten vorwerfen, so können Sie gegen sich ein **Selbstreinigungsverfahren** einleiten, das ich ausführlich unter Frage 11 behandelt habe.

Darüber hinaus haben Sie die Möglichkeit, sich zu beschweren. Da Sie der Schulleitung ein persönliches Fehlverhalten vorwerfen, wäre eine **Dienstaufsichtsbeschwerde** die richtige Form. Sie ist an keine Form, an keine Frist gebunden und geht an die vorgesetzte Schulbehörde mit der Bitte um Prüfung der Angelegenheit. Verbunden ist damit die Forderung nach Abhilfe, falls sich Ihre Vorwürfe als begründet herausstellen. Auf jeden Fall ist die vorgesetzte Behörde verpflichtet, Ihnen darauf zu antworten.

Auch hier sollten Sie nicht vorschnell sagen: »Das bringt doch nichts!« Denn selbst wenn die vorgesetzte Behörde Ihnen nicht offiziell Recht gibt, so laufen hinter den Kulissen häufig Gespräche mit der Schulleitung, in denen man ihr nahelegt, sich in Zukunft doch bitte so zu verhalten, dass sich solche Beschwerden nicht wiederholen.

Urheberrecht und Datenschutz

Über diesen Themenbereich könnte man ein ganzes Buch (oder auch zwei) schreiben, denn er ist inzwischen so umfangreich und kompliziert geworden, dass nur noch Spezialisten die Detailregelungen der ausgefallenen Sonderfälle kennen. Daneben gibt es jedoch Probleme, die für den Schulalltag von zentraler Bedeutung sind und die deshalb immer wieder auftauchen. Diese Fragen nehme ich mir vor und werde versuchen, sie praxisnah zu beantworten.

93. Kann ich einen Film mit FSK 16 zeigen, wenn die meisten Schüler meiner Klasse so alt sind?

Sie alle kennen vermutlich die Situation: Die Zeugniskonferenzen sind vorbei, und nun stellt sich die Frage, wie man die

Schüler dazu bewegen kann, noch in die Schule zu kommen. In einem Fach, das ganzjährig unterrichtet wird, könnte man einfach weiter Unterricht machen, aber wenn es nur epochal unterrichtet wurde, dann fällt diese Möglichkeit weg.

Und so entscheiden sich einige Lehrkräfte dafür, Filme zu zeigen, die sie für sehenswert halten. Da sie selbst erwachsen sind, schauen sie nicht auf die FSK-Altersangabe. Die entdecken sie zufällig erst einige Tage vor dem Einsatz des Filmes.

Zunächst eine Begriffsklärung: FSK bedeutet »freiwillige Selbstkontrolle«. Das ist allerdings irreführend, weil er nicht meint, man könne sich an die Altersvorgabe halten – oder auch nicht. **Freiwillig ist lediglich die Vorlage** bei der Prüfstelle. Werden Filme dort *nicht* vorgelegt, dann sind sie automatisch nur für Erwachsene zugelassen.

Nach dem Entdecken der FSK 16 beginnt für die Kollegen also das Dilemma. Soll man der Klasse den Film mit einer FSK 16 zeigen, obwohl einige Schüler noch nicht 16 sind? Die Variante, seiner 10. Klasse harmlose Kinderfilme wie »Schweinchen Babe« oder das »Dschungelbuch« vorzuschlagen, wird schnell verworfen, um nicht schallendes Gelächter zu ernten. Schließlich wollen die Schüler demonstrieren, wie erwachsen sie sind und erzählen bereitwillig, was sie schon alles gesehen haben. Und dann kommt der entscheidende Satz: »Sie können den Film ruhig zeigen, denn die meisten von uns sind doch schon 16!«

Das ist ein netter Versuch, der aber juristisch untauglich ist, weil es weder um das durchschnittliche Alter einer Gruppe noch um die Mehrheit der Schüler geht. Anderenfalls könnte man in einer Lerngruppe, z. B. einer AG mit 25 Schülern, einen Film mit FSK 16 zeigen, wenn 13 der Schüler bereits 16 Jahre alt sind, die restlichen aber erst elf. Also: Sobald auch nur *ein* Schüler dabei ist, der noch nicht 16 Jahre alt ist, darf der Film in der Schule nicht gezeigt werden. Der Vorschlag, die

Eltern könnten doch den jüngeren Schülern schriftlich erlauben, den Film anzuschauen, greift ebenfalls nicht. Denn auch im Kino dürften die Eltern mit ihrem 14-jährigen Kind keinen Film anschauen, der erst ab 16 freigegeben ist. Ob sie sich zu Hause über diese Vorgabe hinwegsetzen ist eine ganz andere Geschichte. Die Schule als Anstalt des öffentlichen Rechts ist jedoch an diese Vorgabe zwingend gebunden.

94. Wem gehören eigentlich die im Kunstunterricht angefertigten Bilder?

Diese Frage höre ich fast nie von Kollegen, sondern meist von Schülern bzw. deren Eltern. Gar nicht so selten gibt es Streit darüber, wem die in der Schule angefertigten Kunstbilder gehören. Gerade bei gelungenen Werken möchten die Lehrkräfte diese Bilder behalten, um sie anderen Klassen als motivierende Vorlage zu zeigen. Aber auch die Schüler bzw. deren Eltern möchten die guten Arbeiten für sich haben. Das gilt nicht nur für Kunstbilder, sondern ebenso für Plakate und ähnliche Werke.

Wie argumentieren nun die Kollegen? Sie erklären, die Bilder seien ja **in der Schule** angefertigt worden, in Ländern mit völliger Lehrmittelfreiheit sogar mit Materialien, die von der Schule gekauft wurden. Das hört sich doch überzeugend an, oder? Na ja, es geht so. Und was ist dann in den Bundesländern, in denen die Schüler sich selbst ihren Zeichenblock und Deckfarbkasten kaufen?

Um Sie nicht weiter zu verwirren: Letztlich spielt es keine Rolle, wer die Materialien gekauft hat. Die Werke gehören den Schülern. Warum ist das so? Die Schüler sind keine Arbeitnehmer, die dafür bezahlt werden, für einen Arbeitgeber etwas herzustellen, das dann dessen Eigentum wird. Sie schaffen im Unterricht eigene Werke, arbeiten also für sich.

Daran ändert sich auch nichts, wenn die Schule die Materialien stellt. Das lässt sich mit einem Blick ins Gesetz klären, und zwar in den § 950 BGB, der die »Verarbeitung« regelt. Darin steht sinngemäß: Wenn *nach* der Verarbeitung das Produkt wertvoller ist als das Ausgangsmaterial, dann gehört das Produkt demjenigen, der das Werk geschaffen hat. Erst wenn der Materialwert **deutlich höher** ist, gilt etwas anderes.

Machen wir es konkret: Wem gehört eigentlich das Werk, wenn der berühmte Picasso in einem Restaurant nach dem vierten Glas Wein eine Taube auf die Tischdecke zeichnet? Die Zeichnung gehört Picasso. Allerdings hätte das Restaurant den Anspruch, von Picasso eine neue Tischdecke zu bekommen. Das wäre die Situation in den Bundesländern mit voller Lernmittelfreiheit. Die Schule könnte sich also die Kosten für Papier und Farbe erstatten lassen, aber das Werk gehört dem Schüler.

Wie kann man nun dem berechtigten Wunsch der Kunstlehrkräfte entsprechen? Bitten Sie Ihre Schüler doch um eine **Leihgabe**! Sagen Sie Ihren Schülern, Sie möchten die gute Arbeit gerne anderen Klassen als Vorbild zeigen und deswegen als Leihgabe noch ein wenig behalten. Natürlich haben die Schüler das Recht, ihr Werk jederzeit wieder zurückzufordern. In den meisten Fällen fühlen die Schüler sich geschmeichelt und Sie können die Arbeiten für mehrere Jahre behalten. Und wenn Sie Glück haben, vergessen die Schüler sogar, ihr Werk zurückzuverlangen. Als letzte Möglichkeit bleibt Ihnen, die Werke abzufotografieren und so den nachfolgenden Schülern zu zeigen.

95. Wer darf die von mir entwickelten Klassenarbeiten noch nutzen?

Viele Lehrkräfte verwenden für Klassenarbeiten heutzutage Vorlagen, die von den Schulbuchverlagen zur Verfügung gestellt werden. Andere schnippeln aus drei Vorlagen der Verlage etwas zusammen, das sie dann als Klassenarbeit einsetzen. Darüber hinaus gibt es immer noch die wenigen, die sich nicht einfach mit dem zufrieden geben, was bereits existiert. Sie setzen sich stundenlang hin und entwickeln eine maßgeschneiderte Klassenarbeit zum Thema X für ihre Klasse. Sie sind also, anders als in den ersten beiden Fällen, wirklich die Urheber ihrer Werke. Damit stellt sich die Frage, ob sie das ausschließliche Recht an ihren Werken haben, ob sie also anderen Kollegen verbieten können, diese Werke einzusetzen.

Anders als die Schüler an den Kunstbildern (vorige Frage) arbeiten die Lehrkräfte **gegen Bezahlung** für ihren Dienstherrn. Sie sind also, wenn Sie den groben, etwas schiefen Vergleich entschuldigen, so etwas wie Angestellte in einer Tischlerei, die für ihren Arbeitgeber Stühle herstellt. Was bedeutet dies nun konkret?

Wer eine Klassenarbeit selbst entwickelt hat, ist zwar der Urheber, allerdings hat der Dienstherr ein Nutzungsrecht an sogenannten »**Pflichtwerken**«. Das sind z. B. Protokolle, die Lehrkräfte während einer Konferenz oder einer mündlichen Prüfung schreiben oder Aufgabenvorschläge, die sie für mündliche Prüfungen erstellen. Natürlich bleibt man Urheber dieser Werke, aber der Dienstherr (bzw. die Schulleitung) darf darüber verfügen, sie nutzen und anderen zugänglich machen. Das leuchtet jedem ein.

Darüber hinaus kann die Schulleitung (als verlängerter Arm des Dienstherrn) bestimmte Werke zu Pflichtwerken **erklären**. Das wäre der Fall, wenn eine Schulleitung anordnen würde, alle Klassenarbeiten den übrigen Lehrkräften zugänglich zu machen, damit diese sich daran orientieren können. Gerade für junge Kollegen ist eine solche Sammlung eine große Hilfe. Die Schulleitung könnte ebenfalls anordnen, jede Fachgruppe bzw. Fachschaft möge in den nächsten sechs

Monaten für jede Jahrgangsstufe 20 Kopiervorlagen für Vertretungsstunden erstellen. Diese Vorlagen kommen dann in einen Ordner und stehen jeder Lehrkraft zur Verfügung, damit sie einen sinnvollen Arbeitsauftrag für etwaige Vertretungsstunden schnell zur Hand hat. Dann wären auch dies »Pflichtwerke«, die jede Lehrkraft des Kollegiums nutzen dürfte.

Für selbst geschaffene Werke, die über diese Pflichtwerke hinausgehen, gilt dies nicht. Trotzdem gibt es natürlich faule und dreiste Kollegen, die Ihr selbst erstelltes Arbeitsblatt einfach kopieren und dann sogar noch als ihr eigenes ausgeben. Sie schmücken sich also mit fremden Federn. Um dies zu verhindern bzw. zu erschweren, sollten Sie unten auf Ihren Werken das Copyrightzeichen © mit Ihrem Namen anbringen. Es entfaltet in Deutschland zwar keine Rechtswirkung, was aber kaum jemand weiß. Es verdeutlicht jedoch, dass *Sie* der Schöpfer des Werkes sind und es guter kollegialer Stil wäre, Sie um Erlaubnis zu fragen, bevor man Ihr Arbeitsblatt nutzt.

Besonders unverschämt ist das Vorgehen einiger kommerzieller Nachhilfeinstitute. Die sammeln (und kopieren) nämlich gerne die Klassenarbeiten von Lehrkräften. Und sobald ein Schüler sich dort einschreibt, fragt man, bei wem er denn Unterricht habe und zieht danach den Ordner mit den entsprechenden Klassenarbeiten aus dem Regal. Diese wirtschaftliche Nutzung Ihrer Werke durch Dritte ist illegal. Damit Nachhilfeinstitute sich nicht damit herausreden können, sie hätten nicht gewusst, an wen sie sich hätten wenden sollen, um Lizenzgebühren zu zahlen, empfehle ich auch hier das Copyright-Zeichen sowie Ihre Kontaktdaten, eventuell mit dem Zusatz, dass jegliche Vervielfältigung zu kommerziellen Zwecken verboten ist.

96. Verstoße ich gegen den Datenschutz, wenn ich den Notenspiegel anschreibe?

Diese Frage kommt regelmäßig aus Bundesländern, bei denen es nicht verpflichtend ist, den Notenspiegel anzugeben. Die Kollegen dort sind hochgradig verunsichert, weil selbstbewusste Eltern gerne behaupten, das Anschreiben des Notenspiegels verstoße gegen den Datenschutz. Das ist Unfug, wie Sie gleich sehen werden.

Datenrechtlich geschützt sind **personenbezogene Daten**, das sind (mindestens) zwei Informationen, die sich verbinden lassen und dadurch etwas über die jeweilige Person aussagen. Die schlichte Erwähnung eines Namens reicht dafür nicht aus. Erst wenn Sie veröffentlichen, dass X auf dem Katholikentag war oder morgen volljährig wird, kommen wir in den roten Bereich des Datenschutzes.

Unzulässig wäre es also, mit den Klassenarbeitsheften durch den Raum zu gehen, das oberste Heft Jerome-Maurice zu reichen, und zwar mit den für alle gut hörbaren Worten: » Tja Jerome, das war mal wieder eine Fünf!«. Jetzt verstoßen Sie gegen den Datenschutz. Nicht jedoch durch die Bekanntgabe des Notenspiegels. Denn hier sind die Informationen **anonymisiert**. Niemand weiß, wer in dieser Arbeit eine Eins, Zwei oder Fünf geschrieben hat. Und warum sollte es Jerome nicht gelungen sein, in dieser Arbeit eine Vier zu schreiben? Wenn der Schüler den anderen seine schwache Note später mitteilt, so hebt er selbst den Datenschutz auf. Das ist nicht Ihr Problem.

Da wir gerade beim Notenspiegel sind: Ehrgeizige Eltern möchten nicht nur wissen, welche Note ihr Kind hat, sondern zugleich erfahren, wo ihr Kind bei dieser Arbeit innerhalb der Lerngruppe steht. Deshalb haben sie das Recht, **von Zeit zu Zeit** einen Notenspiegel zu fordern.

97. Was muss ich beachten, falls ich meine Schüler fotografieren möchte?

Eine ganze Menge. Glücklicherweise war die letzte Frage kurz zu beantworten, sodass ich mir jetzt etwas mehr Zeit (und Platz) nehmen kann. Aber das ist auch notwendig.

Grundsätzlich darf niemand einen anderen ohne dessen Einwilligung fotografieren. Eine Ausnahme stellen Personen des öffentlichen Lebens dar, die damit leben müssen, fotografiert zu werden. Abgesehen davon hat jeder das Recht am eigenen Bild. Warum ist man bei Fotos von Menschen so empfindlich? Es gibt Kulturkreise, in denen sich die Betreffenden nicht fotografieren lassen, weil sie meinen, dadurch würden sie einen Teil ihrer Seele verlieren. Ich würde das profaner formulieren, finde den Kern der Aussage aber nachvollziehbar: Durch die Fotografie eines Menschen erhalten wir über diesen nicht nur eine, sondern sehr viele Informationen. Wir erfahren etwas über sein Geschlecht, über sein Alter, seine ethnische Zugehörigkeit, seine momentane Gemütslage und über seinen Charakter. Wenn wir neben dem Gesicht noch die Frisur, die Brille oder die Kleidung sehen, dann bekommen wir ein recht umfassendes Bild dieser Person.

Aus diesem Grund fallen Fotos von Menschen als »Bilddaten« unter den Datenschutz und sind seit Mai 2018 besonders geschützt. Dieser besondere Schutz wird noch einmal erhöht, sobald es darum geht, Kinder (also Menschen unter 14 Jahren) zu fotografieren.

Nach diesen allgemeinen Vorbemerkungen geht es in die Schule und zu der Frage aus der Überschrift. Für Fotos von **Kindern** benötigen Sie immer die Einwilligung der Eltern. Diese darf **nicht pauschal** gefasst sein, indem Sie unterschreiben lassen: »Ich bin damit einverstanden, dass die Schule Fotos von meinem Kind macht und diese veröffentlicht.« Vielmehr ist festzulegen, für welchen Zweck Fotos gemacht und in welchem Ausmaß sie veröffentlicht werden sollen. Schließlich macht es einen erheblichen Unterschied, ob ein Klassenfoto gemacht wird, das nur im Kreis der Klasse kursiert, oder ob das Bild eines Schülers auf der Homepage der Schule zu sehen ist, die jeder über das Internet weltweit ansteuern kann. Die Eltern müssen also das Recht haben, einer kleinen Veröffentlichung zuzustimmen, eine weltweite Veröffentlichung jedoch abzulehnen.

Da ich gerade das Klassenfoto erwähnt habe, lassen Sie mich ein weit verbreitetes Gerücht ansprechen: Immer wieder höre ich auf meinen Fortbildungen, es sei zulässig, Menschen zu fotografieren, sobald sich mehr als sieben Personen auf dem Bild befinden. Das ist falsch, eine solche Regelung gibt es nicht. Wer sie mir zeigt, bekommt von mir eine Flasche guten Sekt.

Was es gibt, ist etwas (völlig) anderes: Wenn Sie eine **riesige Menschenmenge** in einem Fußballstadion oder bei einem Konzert fotografieren, dann brauchen Sie nicht die Einwilligung all derjenigen, die man dort winzig klein erkennen kann.

Kommen wir nun zu Schülern, die über 14 **Jahre** alt sind. Sie sind keine Kinder mehr, sondern **Jugendliche**. Sie sind strafmündig, weil man davon ausgeht, sie könnten die Folgen ihres Handelns selbst überblicken. Sie sind von diesem Zeitpunkt an **selbstbestimmungsfähig**, wie wir Juristen sagen. Das bedeutet, Entscheidungen, die nicht zu kompliziert sind, können sie alleine treffen.

Nehmen wir ein konkretes Beispiel: Sie sind mit Ihren (jugendlichen!) Schülern auf einer Tagesfahrt und kommen an einem Denkmal vorbei, das sich wunderbar für ein witziges Klassenfoto eignet. Ein Schüler schlägt spontan vor, hier und jetzt ein gemeinsames Bild zu machen. Auch Sie finden die Idee gut und bitten diejenigen, die damit einverstanden sind, vor das Denkmal zu treten, damit das Foto gemacht werden kann. In dieser Situation dürfen die Schüler selbst entscheiden, ob sie sich fotografieren lassen – oder auch nicht. Sie brauchen hierfür nicht telefonisch (oder per SMS, WhatsApp) die Einwilligung der Eltern einzuholen. Wer sich jetzt vor dem Denkmal in Positur stellt und auf Aufforderung lächelt, der gibt stillschweigend seine Zustimmung. Juristen nennen das »**konkludentes Handeln**«, weil der Betreffende durch sein Handeln gleichsam eine Willenserklärung abgibt. Es ist ähnlich wie bei einer Auktion. Da ruft auch nicht jemand in den Saal: »Ich bin bereit, dieses Bild für 375 000 Euro zu kaufen«, sondern er hebt nur die Hand und gibt dadurch eine wirksame Willenserklärung ab.

Wenn wir die Auktion verlassen und uns wieder dem Datenschutz zuwenden, so gilt dort: Einwilligungen, von wem auch immer, können jederzeit ohne Angabe von Gründen widerrufen werden. Falls also ein Schüler, nachdem Sie das Foto vor dem Denkmal gemacht haben, es sich doch anders überlegt, dann müssten Sie dem nachkommen und den betreffenden Schüler abdecken oder so stark verpixeln, dass sogar Freunde und Bekannte ihn nicht mehr identifizieren können.

98. Darf die Schulleitung ungefragt meine Telefonnummer oder Adresse an Eltern weitergeben?

Nein, das darf sie nicht. Denn die Eltern haben lediglich einen Anspruch darauf, irgendwie mit Ihnen in Kontakt zu treten. Das geschieht bei den meisten Schulen über eine schulische E-Mail-Adresse, über die Sie erreichbar sind. Falls Sie an Ihrer Schule so etwas nicht haben, können die Eltern im Sekretariat anrufen und über eine Notiz, die man Ihnen ins Fach legt, um einen Gesprächstermin bitten. Natürlich möchten die Eltern am liebsten sofort mit Ihnen telefonieren, weil es einfacher ist, Ihnen am Telefon minutenlang Vorhaltungen zu machen, als etwas zu schreiben. Zudem können die Eltern bei einem Telefonat den Zeitpunkt wählen, der *ihnen* passt. Bei einer E-Mail bestimmen *Sie*, wann Sie diese lesen und darauf antworten.

Nicht nur Ihre Telefonnummer, sondern ebenfalls Ihre Adresse unterliegt dem Datenschutz. Schließlich haben Sie ein Recht auf Privatsphäre und möchten vermutlich nicht, dass am Samstagabend ein wütender Vater nach dem Kneipenbesuch vor Ihrer Tür steht, um sich lautstark zu beschweren. Wer von Ihnen dienstlich etwas will, mit dem sprechen Sie einen Termin ab und treffen sich mit ihm in der Schule. So einfach ist das.

Damit Sie auf der Klassenfahrt mit den Schülern kommunizieren können, ohne Schülern und Eltern Ihre private Handynummer preiszugeben, empfehle ich ein billiges Zweithandy mit Prepaid-Karte, oder eine zweite (Prepaid) SIM-Karte, die Sie ausschließlich für Tages- und Klassenfahren nutzen. Nach der Fahrt wird die Karte herausgenommen, und Sie sind auf diesem Weg für Schüler oder Eltern nicht mehr erreichbar.

99. Was darf ich eigentlich ins Klassenbuch eintragen, und was nicht?

Sie haben sicherlich schon gemerkt, welch seltsame Blüten der Datenschutz treibt. So beschwerte sich eine Frau in einem Geschäft darüber, dass die Verkäuferin sie (vor anderen Kunden!) mit ihrem Namen anredete und diesen damit öffentlich machte. Was bedeutet das nun für uns in der Schule? Viele Dinge, die vor einem Jahrzehnt noch gang und gäbe waren, halten heute einer datenschutzrechtlichen Überprüfung nicht mehr stand. Früher konnte man noch problemlos im Klassenbuch vermerken: »Jerome-Maurice gebraucht schon wieder unanständige Wörter!«

Heute ist dies in den meisten Bundesländern zu Recht nicht mehr zulässig, und zwar aus folgendem Grund: Wenn wir an ein traditionelles Klassenbuch in Papierform denken, dann wird dies meist von einem Schüler morgens aus dem Sekretariat abgeholt, dann den einzelnen Fachlehrkräften vorgelegt und am Ende des Schultages wieder im Sekretariat abgegeben. Bei dieser Variante hätte der Klassenbuchführer allerdings die Möglichkeit, in den Pausen auch Schülern aus anderen Klassen die negativen Einträge zu zeigen. Das wäre ein Verstoß gegen den Datenschutz. Um dies zu verhindern, schlagen die meisten Bundesländer vor, solche Einträge in der Schülerakte vorzunehmen, die sich gesichert im Sekretariat befindet.

Aber keine Regel ohne Ausnahme. NRW erlaubt ausdrücklich, negative Einträge im Klassenbuch vorzunehmen. Da ich hierüber ziemlich verblüfft war, habe ich beim Landesdatenschutzbeauftragen nachgefragt und folgende Antwort bekommen: Ja, das sei tatsächlich zulässig, aber **der Schulleiter** müsse dafür sorgen, dass das Klassenbuch nicht anderen Schülern gezeigt werde. Da werden sich die Schulleiter freuen, und ich frage mich, wie sie das machen sollen. Also, falls Sie in NRW unterrichten, dürfen Sie negative Einträge im Klassenbuch vornehmen. Allerdings sollten Sie im Schulverwaltungsblatt verfolgen, ob sich diese Regelung nicht bald ändert.

Rechtlich unbedenklich sind negative Einträge, solange die Aufzeichnungen **nur in der Hand von Lehrkräften** bleiben. Das gilt für Kurshefte (in der Oberstufe), aber ebenso für elektronische Klassenbücher, die Schüler nicht einsehen können.

Im Übrigen bin ich erstaunt, wie leichtfertig viele Schulen mit diesem wichtigen Dokument (traditionelles Klassenbuch) umgehen. Das liegt einfach in einem Fach im Sekretariat herum, wo jeder es quasi unbemerkt wegnehmen kann. Und dann wundern sich solch gutgläubige Schulen, wenn kurz vor dem (Halb-)Jahresende auf einmal ein Klassenbuch verschwindet und sich Fehltage oder Informationen über disziplinarische Verstöße (NRW) nur mit großer Mühe oder gar nicht mehr rekonstruieren lassen.

100. Ist es verboten, mit meinen Schülern in einer WhatsApp-Gruppe zu sein?

Ich weiß nicht, wie oft ich diese Frage in letzter Zeit gehört habe. Insbesondere nach der Datenschutzgrundverordnung (DSGVO) vom Mai 2018 wurde sie immer wieder gestellt. Die Verunsicherung bei WhatsApp hängt wesentlich damit zusammen, dass die Datenschutzbeauftragten vieler Bundesländer sich kritisch bis ablehnend zu diesem amerikanischen Messenger-Dienst geäußert haben. Schließlich demonstriert man seine Sensibilität für den Datenschutz am besten dadurch, möglichst viel für unzulässig zu erklären. Also: Keine Klingelschilder mehr mit Namen an den Gebäuden, weil hierdurch personenbezogene Daten veröffentlicht werden (so DSB Thüringen). Einem Schüler vor der gesamten Klasse zum Geburtstag zu gratulieren? Das geht gar nicht, weil hierdurch personenbezogene Daten ohne Zustimmung der Eltern preisgegeben werden. Also Glückwünsche in Zukunft nur noch in der Diskretionszone auf dem Flur? Da kann ich nur sagen: Bitte den Ball flach halten und nicht übertreiben!

Nun aber zurück zu WhatsApp: Viele Erklärungen der Datenschutzbeauftragten sind bereits *vor* Mitte 2016 entstanden und berücksichtigen nicht, dass WhatsApp inzwischen die »End-to-End-Verschlüsselung« umgesetzt hat, die sicherste Verschlüsselung, die es zurzeit gibt. Selbst WhatsApp kann den **Inhalt** einer Botschaft nicht lesen. Allerdings sieht die Firma die Telefonnummern von Sender und Empfänger, den Zeitpunkt der Übermittlung und den Umfang des Datenpaketes. WhatsApp bekommt zudem alle Daten, die im Adressbuch bzw. Telefonbuch gespeichert sind, und der Server steht nicht in der EU, unterliegt also nicht europäischen Standards. Allerdings hat WhatsApp das Privacy-Shield-Abkommen unterzeichnet, das europäische Sicherheitsstandards einhält. Aus dem könnte es jedoch – theoretisch – morgen wieder austreten. Keine Sorge, ich will Sie nicht verwirren, ich möchte nur sagen, dass die Angelegenheit nicht so einfach ist.

Was bedeutet das nun konkret für Sie in der Schule? Sie dürfen dienstliche Daten (Zeugnisnoten, Gesundheitsdaten von Schülern) aus den genannten Gründen nicht über WhatsApp versenden. Es ist aber nicht verboten, mit Ihren Schülern, wenn sie über 16 Jahre alt sind (Art. 8 DSGVO), privat über WhatsApp Informationen auszutauschen. Bei jüngeren Schülern müssen die Eltern zustimmen. Da wir unter uns sind, können wir ja ganz offen miteinander reden: Ich persönlich sehe kein Problem darin, auf einer Klassenfahrt (quasi privat) mit den Schülern per WhatsApp zu kommunizieren. Denn WhatsApp hat eine Geolokalisation. Das ist bei Tages- oder Klassenfahrten durchaus von Vorteil, wenn man wissen will, wo man selbst oder der andere sich gerade befindet. Allerdings kann auch WhatsApp die Position sehen.

Jetzt geht es um eine Nachricht wie: »Bitte zu morgen das Erdkundebuch mitbringen!« Das sind keine harten dienstlichen Daten, die hier übermittelt werden, aber privat ist es auch nicht mehr. Daneben gibt es drei weitere Probleme.

1. Da WhatsApp kein offizieller Nachrichtenkanal der Schule ist, sind die Schüler nicht verpflichtet, in ihre WhatsApp-

Nachrichten hineinzuschauen. Sie können also niemandem vorwerfen, das Buch nicht dabei zu haben.

2. Sie müssten alle Schüler, die nicht mit Ihnen über WhatsApp verbunden sind, zeitgleich darüber informieren, das Erdkundebuch mitzubringen. Anderenfalls wären diejenigen, die nicht bei WhatsApp sind, schlechter gestellt, indem sie wichtige Informationen für den Unterricht später oder gar nicht bekommen.
3. Sie müssten z. B. abends um 22 Uhr damit rechnen, dass über WhatsApp die Anfrage an Sie kommt: »Wie war das noch mit der HA? Nacherzählung oder Inhaltsangabe? Ich weiß das nich mehr!!!« Wie lange wollen Sie dann für solche Anfragen erreichbar sein? Bis Mitternacht? Und ab wann stehen Sie morgens für Rückfragen zur Verfügung? Ab 6.30 Uhr? Prima.

Überlegen Sie bitte einmal, wie viele Schüler Sie haben. Wenn Sie nicht an der Grundschule unterrichten, dann kommen Sie vermutlich auf etwa 100 Schüler plus deren Eltern. Wer also diesen Kommunikationskanal nicht nur in Ausnahmesituationen (Tagesfahrt, Klassenfahrt), sondern generell nutzt, sollte sich über die Konsequenzen im Klaren sein.

101. Schlusswort

Nein, keine weitere Frage mehr. Irgendwann muss auch einmal Schluss sein. Aber ich hoffe, dass die Klärung dieser Fragen Ihnen für den schulischen Alltag hilft.

Ihr
Günther Hoegg

Schulrecht: Wer sich auskennt, hat es leichter

Günther Hoegg
SchulRecht! für schulische Führungskräfte
3. Auflage

2020 | 262 Seiten | broschiert
ISBN 978-3-407-63205-0

Ob Beamten-, Haushalts- oder Versicherungsrecht, Aufsichtspflicht oder die juristisch korrekte Abwicklung von Disziplinarmaßnahmen – fundierte Kenntnisse des Schulrechts verschaffen schulischen Führungskräften einen entscheidenden Informationsvorsprung. Anschaulich und praxisnah behandelt der Schulrechtsexperte Dr. jur. Günther Hoegg rechtliche Grundlagen und Situationen, mit denen schulische Führungskräfte, aber auch Seminarleiter, Fachobleute, Personalratsmitglieder oder Lehrkräfte konfrontiert sind. Das Buch liefert wertvolle Tipps und Tricks, um Entscheidungen juristisch belastbar zu machen. Mit zahlreichen Übersichten, Checklisten und Kopiervorlagen.

Für die 3. Auflage wurden die Kapitel über Datenschutz und Urheberrecht grundlegend überarbeitet. Der Autor geht insbesondere auf die EU-Datenschutz-Grundverordnung (EU-DSGVO) ein, die am 25. Mai 2018 verabschiedet wurde.

BELTZ

Beltz Verlag | Weinheim und Basel | Weitere Infos und Ladenpreis: www.beltz.de

Der praxisnahe Ratgeber fürs Schulrecht – jetzt in der 6. Auflage

Günther Hoegg
SchulRecht!
Aus der Praxis – für die Praxis

6. Aufl. 2021 | 264 Seiten | broschiert
ISBN 978-3-407-63222-7

Pausenaufsicht bei Schneefall, justizfeste Leistungsbewertung, Urheberrecht und Datenschutz: Was dürfen Lehrkräfte, wie können sie sich absichern? Anschaulich und praxisnah behandelt Günther Hoegg die wichtigsten Probleme des Schulalltags aus Sicht des Schulrechts und hilft so Lehrkräften, ihren pädagogischen Spielraum optimal zu nutzen.

Die 6. Auflage wurde vollständig überarbeitet und aktualisiert. Die schulrechtlichen Informationen werden durch mehr Tipps aus der Praxis, zum Beispiel zu Dienstreise und Dienstunfall, ergänzt.

BELTZ

Beltz Verlag | Weinheim und Basel | Weitere Infos und Ladenpreis: www.beltz.de